▶ 电商直播轻松学系列

直播
带货与售后
从入门到精通

王瑞麟 / 编著

化学工业出版社

·北京·

内容简介

《直播带货与售后从入门到精通》主要介绍了直播带货与售后的实战技巧,分两篇来讲解。一是带货篇,介绍了直播平台的入驻以及带货产品的选择,打造主播形象及人设的技巧,帮助主播吸引更多用户,提升直播间的人气;还介绍了直播沟通技巧、变现技巧。二是售后篇,主要介绍了客服售后的维护工作,如何获取好评、处理差评与投诉,以及如何打造口碑提升销量,帮助客服解决售后问题,传播口碑。

本书适合对直播带货感兴趣的读者,特别是新人主播、直播运营者和负责售后的客服,以及刚进入直播带货行业进行直播带货的创业者阅读,也可以作为相关企业培训新人的教材。

图书在版编目(CIP)数据

直播带货与售后从入门到精通/王瑞麟编著. —北京:化学工业出版社,2021.8(2022.6重印)
(电商直播轻松学系列)
ISBN 978-7-122-39124-7

Ⅰ.①直… Ⅱ.①王… Ⅲ.①网络营销 Ⅳ.①F713.365.2

中国版本图书馆CIP数据核字(2021)第085771号

责任编辑:刘　丹
责任校对:边　涛
装帧设计:王晓宇

出版发行:化学工业出版社
　　　　(北京市东城区青年湖南街13号　邮政编码100011)
印　　装:大厂聚鑫印刷有限责任公司
710mm×1000mm　1/16　印张14$\frac{1}{2}$　字数255千字
2022年6月北京第1版第2次印刷

购书咨询:010-64518888
售后服务:010-64518899
网　　址:http://www.cip.com.cn
凡购买本书,如有缺损质量问题,本社销售中心负责调换。

定　　价:68.00元　　　　　　　　版权所有　违者必究

前言

直播带货是指一些职业主播或商家通过直播的形式向用户展示、推销产品,与用户进行实时互动的一种营销方式。这种营销方式能给用户带来更直观的购物体验,弥补了传统电商仅有图文呈现形式的不足。近年来,明星、主持人、企业家纷纷走入直播大厅,变成带货主播,加入直播带货大军。

随着直播带货行业的发展,直播购物的方式潜移默化地改变了部分用户,受到越来越多的用户欢迎。越来越多的新人主播及商家涌入这个行业,以期抓住这一行业的红利期。对于这些人来说,要想在直播带货行业赚取第一桶金,就要掌握直播带货的知识与技巧,尽快做好充分的准备。

因为直播行业的发展,一些因为小众而不受关注的乱象,将受到监管。因为选择变多,用户可以选择商品质量更有保障、售后服务更好的主播和品牌。要想在直播带货行业走得长远,主播和商家需要提供完善的售后服务,保障用户的权益。

《直播带货与售后从入门到精通》分为两部分来讲解。第一部分是带货篇,主要介绍了直播平台的入驻、带货产品的选择、主播形象及人设的打造、直播的相关话术以及带货卖货的技巧,并对"大咖"常用的直播技巧作了详细分析;第二部分是售后篇,主要分析了客服售前、售后的引导技巧,包括用户的心理分析、灵活沟通的技巧、消除抱怨的步骤、处理差评与投诉的技巧以及口碑的打造等内容。

直播带货的浪潮已经势不可挡,希望读者阅读本书之后,能够在直播带货之路上有所成就。需要注意的是,本书内容是基于写作时各软件的实际情况来编写的,因软件会不断更新,软件界面与功能也会有调整与变化,但不管怎么变化,其运作思路是不变的。请读者在阅读时,根据书中的思路,结合实际情况来调整。

本书由王瑞麟编著,对于在编写过程中提供帮助的卢海丽、高彪、胡杨等人,在此表示感谢。由于笔者学识所限,书中难免有疏漏之处,恳请读者批评指正。

编著者

目录

带货篇

第 1 章 带货定位：找到直播成交渠道
002

1.1 选择方式：掌握直播的主要分类 / 002
    1.1.1 选择较擅长的直播方式 / 003
    1.1.2 依靠MCN机构来直播 / 004
    1.1.3 借助团队力量进行直播 / 005

1.2 直播平台：掌握开通直播的方法 / 007
    1.2.1 淘宝的电商流量池 / 008
    1.2.2 自营产品质量更有保障 / 010
    1.2.3 服装和美妆领域的先行者 / 013
    1.2.4 大众化的直播带货内容 / 015
    1.2.5 形式多样的内容平台 / 016
    1.2.6 社交助力打造情感联结 / 017
    1.2.7 打造专业及个性的直播 / 018

1.3 带货产品：展现惊人的销售能力 / 020
    1.3.1 服装类直播市场需求大 / 020
    1.3.2 美妆类直播入门较简单 / 021
    1.3.3 母婴类直播推荐更专业 / 022
    1.3.4 食品类直播产品更丰富 / 024
    1.3.5 数码类直播只为爱好者 / 026

目录

第 2 章
带货主播：
从小白到直播达人

027

2.1 达人主播：打造更值得信赖的主播形象 / 027
 2.1.1 提高主播形象定位水平 / 028
 2.1.2 掌握策略成为专业主播 / 031
 2.1.3 全方位塑造能力与性格 / 034

2.2 打造人设：让主播更有记忆点 / 035
 2.2.1 立人设是迈向成功第一步 / 035
 2.2.2 了解人设，定制个人标签 / 036
 2.2.3 定义更具独特性的形象 / 038
 2.2.4 运用差异化策略定标签 / 040

2.3 吸引用户：让用户沉浸在直播间 / 042
 2.3.1 辅助装备助力直播效果 / 042
 2.3.2 做直播预告要掌握技巧 / 046
 2.3.3 做好直播间的诊断优化 / 047

第 3 章
沟通技巧：
成就直播带货高手

050

3.1 表达能力：打造一流的口才 / 050
 3.1.1 提高直播语言表达能力 / 050
 3.1.2 学习直播间的聊天技巧 / 053
 3.1.3 掌握直播销售的沟通技巧 / 056

3.2 推销技巧：提升你的说服力 / 058
 3.2.1 主播必掌握的表达技巧 / 058
 3.2.2 介绍产品突出卖点 / 062
 3.2.3 直播卖货通用表述分析 / 065

第4章
带货技巧：产品销量瞬间翻倍
068

- 4.1 深挖卖点：用产品撩动用户 / 068
  - 4.1.1 寻找优质货源连接用户 / 069
  - 4.1.2 用卖点提高产品销量 / 070
  - 4.1.3 挖掘卖点呈现产品价值 / 071
- 4.2 痛点痒点：发挥关键性作用 / 074
  - 4.2.1 解决痛点，促使用户下单 / 074
  - 4.2.2 用痒点给用户营造幻想 / 076
- 4.3 直播"种草"：引导用户决策 / 076
  - 4.3.1 内容带货玩转直播"种草" / 077
  - 4.3.2 打造"网红产品"吸引用户 / 079
- 4.4 掌握技巧：给用户好的视听体验 / 081
  - 4.4.1 直播利于呈现产品价值 / 082
  - 4.4.2 带货五步法提高成交率 / 084
  - 4.4.3 掌握带货手段销售产品 / 088

第5章
销售技巧：打造专属销售王牌
091

- 5.1 直播场控：让场控把握直播节奏 / 091
  - 5.1.1 了解多样的场控类型 / 092
  - 5.1.2 了解场控的基本要求 / 092
  - 5.1.3 场控让直播锦上添花 / 093
- 5.2 专业运营：提高直播间卖货的效率 / 094
  - 5.2.1 直播主题以用户为核心 / 094
  - 5.2.2 直播带货找准运营模式 / 098

5.2.3　全面打造优质直播内容　/ 099
　　　5.2.4　直播推广要多平台进行　/ 103
　　　5.2.5　策划脚本，做好直播准备　/ 106
5.3　销售心得：产品销售的万能
　　　公式　/ 108
　　　5.3.1　主播转变形象加快吸引
　　　　　　用户　/ 108
　　　5.3.2　用卖货技巧让销量暴涨　/ 111
5.4　"大咖"分析：借鉴热门主播常用
　　　技巧　/ 112
　　　5.4.1　激情直播，保持亢奋状态　/ 113
　　　5.4.2　饥饿营销制造紧迫感　/ 114
　　　5.4.3　直播复盘分析不足之处　/ 115

售后篇

6.1　分析心理：知道用户心中所想　/ 118
　　　6.1.1　掌握常见心理分析用户　/ 119
　　　6.1.2　掌握应对用户心理的技巧　/ 123
6.2　端正态度：做好本职工作　/ 127
　　　6.2.1　客服必须具备基本素质　/ 127
　　　6.2.2　客服必备的沟通技巧　/ 131
6.3　产品介绍：增强产品的吸引力　/ 134
　　　6.3.1　掌握产品描述必用技巧　/ 134
　　　6.3.2　掌握介绍技巧打动用户　/ 137

第 6 章
售前引导：
建好第一印象

118

第 7 章
促进成交：
让直播盈利直线上升

140

7.1 消除疑虑：给用户吃颗定心丸 / 140
    7.1.1 消除对产品本身的疑虑 / 140
    7.1.2 消除对物流运输的疑虑 / 143
    7.1.3 消除对售后服务的疑虑 / 144

7.2 会听会问：做"懂事"的客服 / 146
    7.2.1 做好用户意见的倾听者 / 146
    7.2.2 用用户接受的方式询问 / 148

7.3 激发欲望：用户主动掏钱下单 / 150
    7.3.1 营造愉快氛围带动下单 / 150
    7.3.2 适当地给用户施加压力 / 155

第 8 章
提高吸引力：
变用户为粉丝

158

8.1 灵活沟通：光靠说话也能圈粉 / 158
    8.1.1 灵活沟通需掌握的技巧 / 159
    8.1.2 让用户欣然接受不让价 / 162

8.2 消除抱怨：增加用户的满意度 / 165
    8.2.1 消除用户抱怨的主要步骤 / 166
    8.2.2 这样消除抱怨效果更好 / 168

8.3 用户留存：让用户舍不得离开 / 170
    8.3.1 给用户营造极致的体验 / 171
    8.3.2 利用策略牢牢拴住用户 / 173

第 9 章
售后好评：
谋求良性发展

178

9.1 好评获取：轻松获得无数点赞 / 178
    9.1.1 凭借优质服务获得点赞 / 179
    9.1.2 通过适当利诱赢得好评 / 181

9.2 差评处理：快速挽回良好形象 / 183
    9.2.1 处理差评需要做的工作 / 183
    9.2.2 将差评成功转为好评 / 186

9.3 解决投诉：化解危机重塑信心 / 188
   9.3.1 常见投诉情景应对方法 / 189
   9.3.2 掌握解决投诉常见技巧 / 191
   9.3.3 注意谨慎对待投诉禁区 / 194

第 10 章 口碑营销：提升名气增加信任

10.1 口碑打造：轻松获取如潮好评 / 197
   10.1.1 让消费与口碑相辅相成 / 198
   10.1.2 用户主动帮助推销产品 / 199
   10.1.3 好口碑始于正确的定位 / 200
   10.1.4 粉丝才是好口碑的基石 / 202
   10.1.5 好售后可以造就好口碑 / 204

10.2 粉丝打造：将用户变成推销员 / 205
   10.2.1 以产品品质获得铁杆粉 / 205
   10.2.2 体现诚信经营获得青睐 / 206
   10.2.3 用名人效应扩大粉丝群 / 206
   10.2.4 利用薄利获取价格优势 / 207
   10.2.5 多发福利增强用户黏性 / 207
   10.2.6 注重用户购物的体验感 / 208

10.3 个人IP打造：做好口碑营销 / 209
   10.3.1 重点先把握IP的属性 / 209
   10.3.2 打造个人IP主要方法 / 212

10.4 实践技巧：掌握口碑营销的技巧 / 214
   10.4.1 利用社交平台增加曝光 / 214
   10.4.2 利用好评刺激用户消费 / 217
   10.4.3 利用品牌营销提升名气 / 219
   10.4.4 利用借力营销推广增益 / 220
   10.4.5 利用社群营销传播口碑 / 220

带货篇

第1章
带货定位：
找到直播成交渠道

> 本章分别对直播的分类、直播平台的选择和直播带货常见的产品进行了简要介绍。通过学习，读者可以选择合适的带货产品，同时也可以找到适合自己的直播平台，并掌握开通直播功能的具体操作步骤。

选择方式：掌握直播的主要分类

随着直播行业的发展，越来越多的人加入直播行业，直播的类型一共有3种：个人直播、机构直播和团队直播。

这3种直播分别具有不同的特点，本节将一一进行讲解，希望读者能找到合适的定位。

1.1.1 选择较擅长的直播方式

个人直播,即直播时全程由个人进行操作,如图1-1所示。个人直播的主播需要自行申请纳税,对于新人阶段的主播来说,选择个人直播,在流量和用户积累上具有一定的难度。

与其他方式的直播相比,个人直播的优势在于直播时间和内容的选择更自由,礼物只与平台分成;相对劣势是个人主播的收入不稳定,在直播中遇到的问题全部依靠个人解决。

图1-1 个人直播带货的直播间

进行个人直播时,主播需要自行选择适合自己的领域,可以根据自己的爱好、特长进行选择。选择好之后,主播需要对观看的人群做好定位,然后自行策划直播的内容。

最后,在进行个人直播前,主播应再去了解一下相关的直播知识,可以从视觉艺术、听觉艺术、直播设备和直播推广这几个角度进行。

(1)视觉艺术

视觉艺术主要为直播间的背景选择、主播个人的穿着打扮等。主播需要思考自己的人设,并选择相应的风格进行搭配,在服饰上选择更上镜的衣服,这样有利于提升个人形象。

（2）听觉艺术

听觉艺术包括直播时的语言，首先要确保直播的音质，声音要尽可能清晰，此时声卡与麦克风的组合能够使你的音质效果更佳；其次需要在把握用户心理的基础上，投其所好地进行表达，这样可以帮助你积累人气和流量。

（3）直播设备

拥有一套好的直播设备，可以让画质更佳，视频更流畅，带给用户的直播体验也就更好。个人主播直播前，选择合适的直播设备，能够使直播达到更好的效果。

具体来说，个人主播常用的直播设备包括手机、电脑、声卡、摄像头、麦克风、支架以及补光灯等。

（4）直播推广

个人主播的直播推广，往往以获得更多的粉丝量和点击量为目标。对此，主播可以利用平台的活动扶持，获得更多的流量。多数平台都会定期推出一些热门活动，参加即有机会获得流量扶持。图1-2所示为B站推出的热门活动。

图1-2　B站推出的热门活动

1.1.2　依靠MCN机构来直播

选择机构直播的优势在于主播具有稳定的收入；在直播流量上，有一定的流量扶持；直播的基础设备由机构提供。此外，机构还会有计划地培养主播，并安排经纪人解决直播中所遇到的问题。

但是，新人主播在选择签约MCN（多频道网络）机构时，需要仔细辨别，特别是签合同时，一定要谨慎对待，防止被骗。

MCN机构与中介公司类似，国内的MCN机构主要有五大类：内容生产型、内容运营型、广告营销型、知识付费型和电商内容型，每个类型的运营涉及的重点都不同，如图1-3所示。

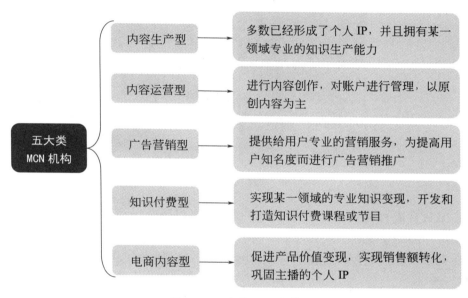

图1-3　五大类MCN机构

1.1.3　借助团队力量进行直播

团队直播，可以是主播自行组织的。进行团队直播时，除了出镜的成员外，还有幕后的工作人员进行分工合作。

团队直播有利于实现个人价值，更有利于推动主播的发展。个人IP的产生，很多时候需要一个团队共同打造，从直播定位、选题、拍摄到后期等一系列步骤，都运行着一条成熟的业务链。

对于新人主播来说，选择团队直播，借助团队的力量，可以为人设的定位与打造以及直播运营工作带来很多便利。

团队直播的方式常见于电商类直播中，一些本身已经有了一定规模的企业或店铺，都会配置自己的电商直播团队。以服饰类电商直播为例，一些主播会自行选择模特和助理共同参与直播，如图1-4所示。

图1-4　主播与助理共同直播

团队直播有利于减少主播的工作量，如果想要选择搭建直播团队，那么，在成员方面需要注意团队的分工。以电商直播团队分工为例，可以划分为4种：直播策划、直播场控、直播运营和直播副播。这4种分工又有不同的职责，如图1-5所示。

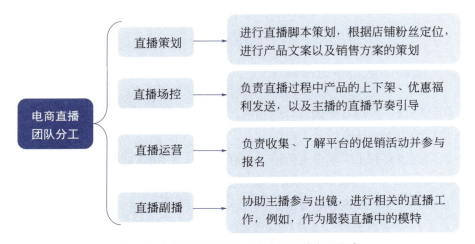

图1-5　电商直播团队的4种分工及其主要职责

其中，团队直播的具体分工可以根据直播间或店铺粉丝量进行配置。对于小型的店铺和新人主播来说，直播时只需要主播和直播场控两个人就足够了，如图1-6所示。

图1-6　小型店铺的直播现场

对于大品牌或者有名气的主播来说，完成一场直播通常需要团队中多人的分工协作。在直播前的一段时间，需要确定好合适的带货产品，做好试播和时间规划，并策划好直播脚本。主播进行直播带货时，需要多名场控维持直播间的秩序，活跃直播氛围。直播结束之后，还需要制作人员剪辑带货过程中的一些视频片段，发布到社交平台或视频平台上，以此吸引更多用户观看。

1.2 直播平台：掌握开通直播的方法

本节将为大家讲述一些常见的直播平台的开通方法，例如淘宝、京东、蘑菇街、拼多多、抖音、快手和今日头条等。

1.2.1 淘宝的电商流量池

直播带货在网上的热度如火如荼，而淘宝作为电商的一大平台，自然是许多主播直播带货必选的平台之一。下面就来介绍入驻淘宝直播的方法以及开启直播的具体操作步骤。

步骤01 下载淘宝主播APP，进入APP主页，点击"立即入驻，即可开启直播"按钮，如图1-7所示。

步骤02 进入"主播入驻"页面后，❶点击"去认证"按钮，根据提示完成认证；❷选中《淘宝直播平台服务协议》复选框；❸点击"完成"按钮，如图1-8所示。

图1-7 点击"立即入驻，即可开启直播"按钮

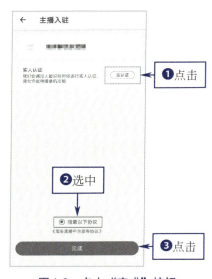

图1-8 点击"完成"按钮

步骤03 完成上述操作后，跳转到"入驻成功"页面，点击"返回首页"按钮，如图1-9所示。

步骤04 返回到淘宝主播APP主页后，点击图中的 ⓒ 按钮，进入"开始直播"页面，如图1-10所示。

图 1-9 点击"返回首页"按钮

图 1-10 点击 按钮

步骤05 进入"开始直播"页面后，❶点击 按钮，添加直播封面图片；❷点击"开始直播"按钮，如图 1-11 所示。

步骤06 完成上述操作后，进入"直播"页面，如图 1-12 所示。

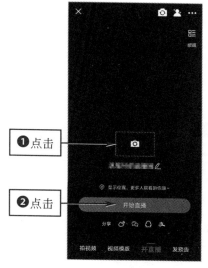

图 1-11 点击"开始直播"按钮

图 1-12 "直播"页面

1.2.2 自营产品质量更有保障

京东平台以高质量的产品和完善的售后服务受到了许多用户的青睐，直播带货的受众数量庞大。不仅如此，平台上更有多名企业的老总亲自进行直播带货，引起了许多用户的关注，为平台带来了一定的流量。因此，京东自然也是许多主播优先选择入驻的平台。

需要注意的是，入驻京东平台虽然可以借助品牌的影响力给自己带来一些优势，但是对于没有知名度的新人主播来说，只有取得与自营店合作的机会，才能获得更多的曝光机会。本小节将介绍开通京东平台直播功能的主要操作步骤，以供想要在该平台直播的主播参考。

开通京东直播需要先成为京东达人，满足条件后，方可开通京东直播。如果不是京东达人，可以先注册京东达人的账号；如果已经是京东达人，直接登录京东达人后台，开通京东直播即可。

首先我们将介绍京东达人的注册方式，请依照以下步骤进行注册和登录。

步骤01 搜索京东达人平台，进入"京东内容开放平台"页面后，在页面内输入你的京东账号和密码，单击"登录"按钮。登录账户之后，弹出使用手机短信验证码提示框，按提示提交认证。

步骤02 完成上述操作后，选择需要开通的账号类型，若是个人开通，单击"个人"按钮即可，如图1-13所示。

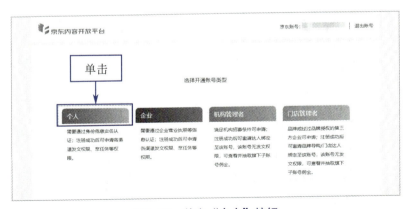

图1-13 单击"个人"按钮

步骤03 进入"实名认证"页面后，❶填写真实姓名以及有效证件等实名认证信息；❷单击"下一步"按钮，如图1-14所示。

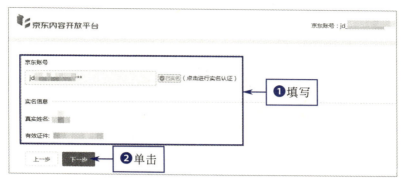

图1-14 单击"下一步"按钮

> **步骤04** 完成上述操作后,❶填写个人信息,如账户昵称、联系电话和短信验证码;❷选中"同意《京东原创平台入驻协议》"复选框;❸单击"下一步"按钮,如图1-15所示。

图1-15 单击"下一步"按钮

> **步骤05** 弹出"达人CPS佣金与内容动态奖励规则"窗口,阅读规则内容后,单击"确认"按钮,如图1-16所示,便可通过达人认证。

> **步骤06** 通过达人认证跳转到"京东内容开放平台"页面后,单击页面中的"达人宝典"按钮,如图1-17所示。

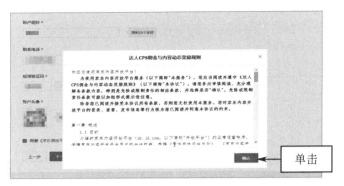

图 1-16 单击"确认"按钮

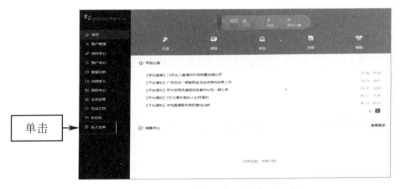

图 1-17 单击"达人宝典"按钮

> **步骤07** 在栏目的"内容创作"标签中,选择"直播"选项,页面中会有"机构及个人主播""商家主播"入驻的链接,并且会显示如何入驻京东直播,主播可以根据实际情况自行选择,如图1-18所示。

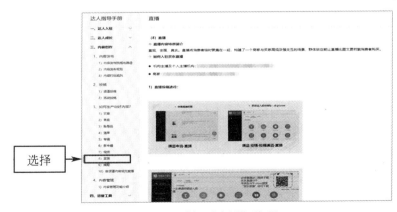

图 1-18 选择"直播"选项

需要注意的是，主播入驻京东直播达人时需要了解相关的入驻信息，图1-19所示为京东直播达人的入驻条件及流程。

```
京东直播达人入驻流程（19年12月更新）
【京东直播媒体机构入驻门槛】
• 站外某一平台账号粉丝不少于100万
• 至少在2家直播、视频平台有不少于3个月的运营经验
【京东直播媒体机构入驻流程】
1.创建机构账号，传送门：
2.发送以下信息到以下邮箱：         审批周期：3个工作日（3个工作日后自行前往         投稿渠道查看权限）
   1）机构基本信息：机构pin、机构昵称、机构下需开通直播权限的达人pin
   2）机构的完整介绍资料（PPT和PDF均可）
   3）机构以往的直播视频（链接地址或文件均可）
   4）机构站外粉丝账号截图

【京东直播达人入驻门槛】
• 站外某一平台账号粉丝不少于2万
• 有不少于5场视频、直播经验（不限平台）
【京东直播入驻流程】
• 创建达人账号，传送门：
• 发送以下信息到以下邮箱：         审批周期：3个工作日（3个工作日后自行前往         投稿渠道查看权限）
   1. 达人的pin、达人昵称、真实姓名、直播领域（如：数码、美食、服饰、美妆等）（excel表格）
   2. 达人的生活照片两张
   3. 达人的一段自我介绍视频或直播视频（链接地址或文件均可）
   4. 达人站外粉丝账号截图
```

图1-19　京东直播达人入驻条件及流程

1.2.3　服装和美妆领域的先行者

蘑菇街主要为女性群体提供服装类产品以及穿搭参考，其中，服装类型很多，大多为时尚、流行的款式。蘑菇街除了主打服装搭配之外，还在妆容、鞋包和饰品上为用户提供了参考，节省了用户的时间，解决了用户搭配服装的烦恼。蘑菇街直播需要先下载蘑菇街APP，登录和注册后，再按照以下方式申请开通蘑菇街直播的功能。

图1-20　点击"我"按钮

步骤01　打开蘑菇街APP，进入APP主页，点击"我"按钮，如图1-20所示。

步骤02　完成操作后，在页面下方，点击"主播入驻"按钮，如图1-21所示。

步骤03 完成操作后,点击"个人主播"按钮,如图1-22所示。

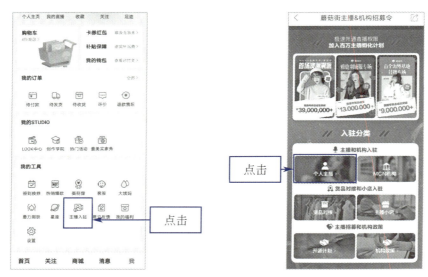

图1-21 点击"主播入驻"按钮　　　图1-22 点击"个人主播"按钮

步骤04 点击"无直播权限主播"按钮,如图1-23所示。

步骤05 进入"蘑菇街-我的买手街"页面,选择好蘑菇街店铺及主营方向后,点击"提交申请"按钮,如图1-24所示。

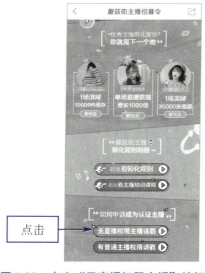 

图1-23 点击"无直播权限主播"按钮　　　图1-24 点击"提交申请"按钮

步骤06 进入"新试播解答"页面，阅读有关试播的相关要求，观看试播的演示视频，点击"点击开始5分钟试播之旅"按钮开始试播，完成试播后，即可成功入驻，如图1-25所示。

1.2.4 大众化的直播带货内容

拼多多这几年以直播门槛低、变现快的优势，赢得了许多主播的喜爱。本小节将详细介绍拼多多的直播技巧，以下是手机拼多多APP直播的操作方式。

步骤01 登录拼多多APP账号，❶点击"个人中心"按钮；❷点击"账号头像"按钮，如图1-26所示。

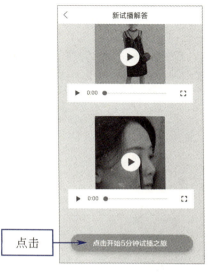

图1-25 点击"点击开始5分钟试播之旅"按钮

步骤02 进入"我的资料"页面，点击"多多直播"按钮，如图1-27所示。

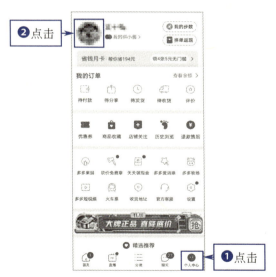

图1-26 "个人中心"页面

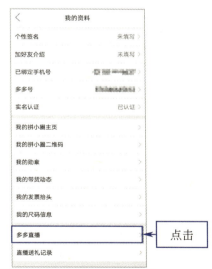

图1-27 点击"多多直播"按钮

步骤03 进入"开直播"页面，选择好直播的封面后，点击"开始直播"按钮，如图1-28所示。

▶ 步骤04 完成操作后，进入"直播"页面，如图1-29所示。

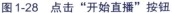

图1-28 点击"开始直播"按钮　　　　　　图1-29 "直播"页面

拼多多商家版APP与普通版操作类似，登录商家版APP后，在首页点击"多多直播"按钮，然后点击"创建直播"按钮，在相册内挑选你想要的封面，输入直播标题，选择带货产品后，即可开始直播。

1.2.5 形式多样的内容平台

相比传统的营销模式，抖音直播带货的传播速度可以说是难以复制的。抖音平台直播带货的门槛较低，能够减少一定的成本。不仅如此，抖音的日活跃用户流量大，有很高的互动性，对于新人主播来说，抖音直播可以说是促进产品销售的一种直接又重要的方式。

在抖音平台中，如果要实现变现，一定要用好视频和直播的功能。相比于视频，直接面对抖音用户的直播更受欢迎。

因此，如果新人主播能够做好抖音直播，就能获得惊人的"吸金"能力。下面就对开直播的流程进行简单的说明。

▶ 步骤01 登录抖音短视频APP，进入"视频拍摄"页面后，向左滑动页面，如图1-30所示。

🔵 步骤02 进入"开直播"页面。在该页面中设置直播封面、标题等信息，如图1-31所示。

图1-30 向左滑动页面

图1-31 设置直播封面、标题

🔵 步骤03 信息设置完成后，点击"开始视频直播"按钮，如图1-32所示，即可进入"直播"页面。

1.2.6 社交助力打造情感联结

下面介绍一下快手直播的开通方法，可按照以下步骤进行操作。

🔵 步骤01 进入快手短视频APP首页之后，点击 ◎ 按钮，如图1-33所示。

🔵 步骤02 滑动至"开直播"页面后，点击"开始直播"按钮，如图1-34所示。

图1-32 点击"开始视频直播"按钮

图 1-33　点击 ◎ 按钮

图 1-34　点击"开始直播"按钮

> **步骤 03**　跳转到"实名认证"页面后，❶输入姓名；❷输入身份证号；❸点击"确定"按钮，如图 1-35 所示。

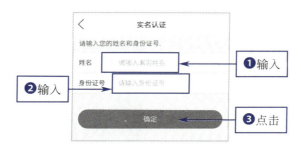
图 1-35　点击"确定"按钮

> **步骤 04**　完成实名认证后，返回到"开始直播"页面，点击"开始直播"按钮，即可开始直播。

1.2.7　打造专业及个性的直播

今日头条是一个给用户提供个性化推荐信息的产品，今日头条的直播，主要是根据用户的兴趣进行个性化的推送。接下来我们以移动端为例，讲解今日头条直播的开通方法。

◆ 步骤01 进入今日头条APP首页,点击"发布"按钮,如图1-36所示。
◆ 步骤02 在展开的列表中点击"开直播"按钮,如图1-37所示。

图1-36 点击"发布"按钮

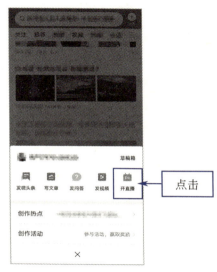

图1-37 点击"开直播"按钮

◆ 步骤03 弹出"去认证"窗口,点击"认证"按钮,如图1-38所示。
◆ 步骤04 进入"实名认证"页面后,❶在页面中输入姓名;❷输入身份证号;❸点击"下一步人脸识别认证"按钮,如图1-39所示。

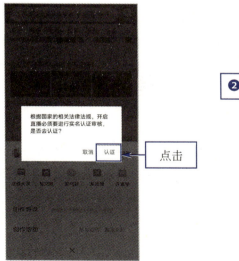

图1-38 点击"认证"按钮

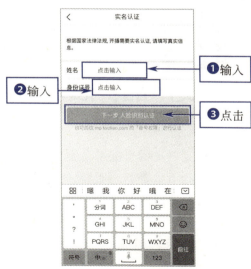

图1-39 点击"下一步人脸识别认证"按钮

➡️ **步骤05** 进入相应页面，点击页面中的"开始验证"按钮，完成人脸识别，如图1-40所示。

➡️ **步骤06** 完成人脸识别后，便会自动跳转到"开始视频直播"页面，设置好直播的封面以及标题后，点击"开始视频直播"按钮，即可开始直播，如图1-41所示。

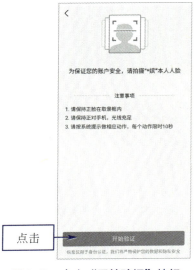

图1-40 点击"开始验证"按钮

图1-41 点击"开始视频直播"按钮

1.3 带货产品：展现惊人的销售能力

了解完常见的直播平台类型之后，在直播中又有哪些常见的带货产品呢？可以总结为五大类目：服装、美妆、母婴、食品和数码。本节将分别讲述这五大类目的具体直播带货内容。

1.3.1 服装类直播市场需求大

服装是刚需品，在带货类产品中，服装的需求占了整个市场的很大比重，很多主播纷纷涌入。所以，对于新手主播来说，销售服装类产品的竞争是很激烈的。

服装直播的受众多为时尚的年轻女性，所以在直播过程中，主播不仅仅要推荐服装产品，还要向用户展示搭配的效果，提供穿搭技巧，这样能加大用户的购买力度。服饰类电商直播通过直播传递当下热门的时尚理念，推动时尚的发展。

服装的种类众多，对于许多用户来说，如何搭配一直是个困扰，所以，用户往往会在网上学习穿搭技巧，观看各类主播的搭配示范，如图1-42所示。

图1-42　主播直播讲授搭配技巧

1.3.2　美妆类直播入门较简单

相比较其他种类的电商直播，美妆直播获利是比较大的。对于很多用户来说，美妆类产品直接用在皮肤上，他们通常会有类似"贵的就是好的"的想法。

在美妆直播中，你可以看到主播为你试用各类产品，例如口红试色、眼影试色和粉底试色等各式各样彩妆品牌的试用，图1-43所示为主播口红试色直播。同样也有一些护肤品的推荐，例如水、乳、霜以及精华等。

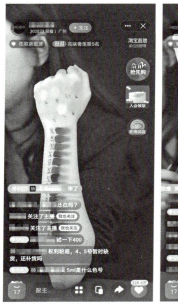
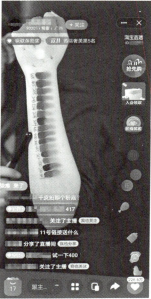

图1-43　主播直播进行口红试色

许多明星也进入了美妆直播带货的行业，并且还会有更多的明星选择该行业。每个明星的直播方式都不同，有的明星会在某些直播平台上对自己用过的产品进行分享；有的明星则和主播一起通过直播带货的方式向粉丝分享产品。

对于新手主播来说，直播卖美妆类产品入门虽然容易，但是如果卖的是不知名的小品牌，产品的销量可能不会很高。

因此，各位主播可以多了解市场的需求，卖一些网上销量火爆并且品质好的产品，如果要卖一些国际品牌类的美妆产品，可以与正规的美妆供应链公司合作。图1-44所示为美妆主播的直播带货现场。

1.3.3　母婴类直播推荐更专业

母婴类产品的受众多为年轻的新手妈妈（也叫宝妈），母婴产品主要有奶粉、纸尿裤、玩具和童装等，此外还有适合宝妈的产品。

母婴类电商直播与传统的门店相比，互动性更强，服务人群更广，可以一对多服务，而通过直播，宝妈不仅可以买到自己需要的产品，也可以通过咨询主播来解除烦恼，还可以通过弹幕形式跟其他宝妈进行交流，分享育儿经验。

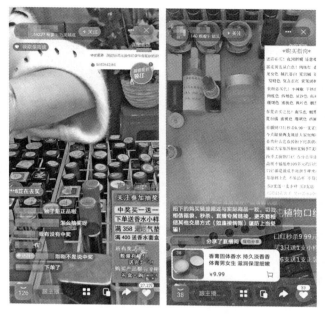

图1-44 美妆主播的直播带货现场

同时,母婴类直播中,直播间有育儿的专家、富有经验的主播,可以为宝妈介绍适合宝宝的产品。这种全方位的讲解和展示正好消除了宝妈选择产品的顾虑,也能为宝妈的购买提供参考。总的来说,电商直播相较于传统门店具有以下优势,如图1-45所示。

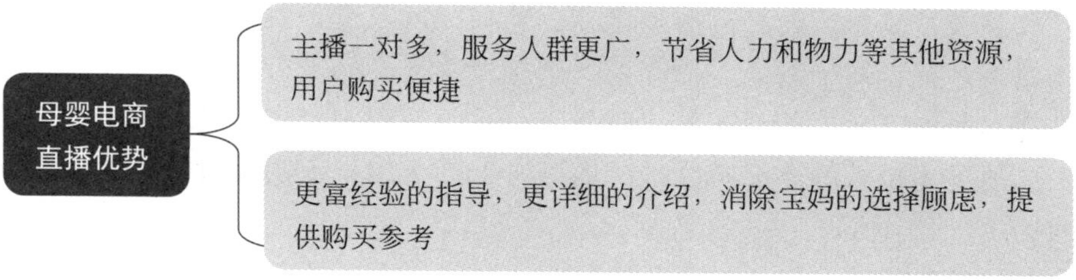

母婴电商直播优势
- 主播一对多,服务人群更广,节省人力和物力等其他资源,用户购买便捷
- 更富经验的指导,更详细的介绍,消除宝妈的选择顾虑,提供购买参考

图1-45 母婴电商直播优势

除了宝宝们食用的产品以外,还有一些故事绘本产品,在母婴产品中也十分常见。另外,宝宝们的服装和玩具用品占母婴类消费品的比重也较大,对于新手带货主播来说,初期带货可以从这两方面入手。例如,淘宝平台某些主播通过直播卖童装和玩具,如图1-46所示。

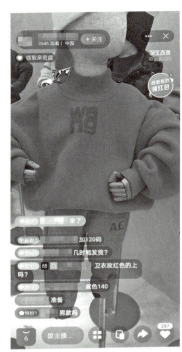 

图 1-46　主播直播卖童装和玩具

1.3.4　食品类直播产品更丰富

食品类直播带货的产品类型丰富，例如休闲零食、农副产品和地方特产以及肉禽类产品。对于新人主播来说，选择食品类产品进行直播带货是一个不错的选择，这类产品的价格通常比较便宜，且所面向的用户都具有一定的消费能力。只要主播推荐的产品符合用户的口味，那么用户下次很可能再到直播间进行购买。

食品类产品是许多"吃货"的最爱，也是许多主播直播带货时首选的一类产品。我们可以发现，许多明星也参与了美食类的直播，图 1-47 所示为某明星的直播画面，他为了让用户更直观地看到细节，在镜头前展示了产品。

在食品类的直播中，农副产品也占据很大的比重。通过直播销售的模式，特色农产品走进了更广阔的市场。有特色农产品货源的新人主播，可以采用此模式销售，图 1-48 所示为主播直播向用户推荐水果类农产品。

图1-47 某明星在镜头前展示美食类产品

图1-48 主播直播卖水果类农产品

1.3.5 数码类直播只为爱好者

数码类产品直播主要包括手机、笔记本电脑和智能手表等电子产品，数码类的直播方式包括产品的促销或上新活动。例如，某国产品牌于2020年10月在淘宝平台进行了产品上新全球线上发布会的直播，吸引了上百万用户观看，如图1-49所示。

图1-49　某数码产品上新的淘宝直播间

随着直播带货行业的发展，售后服务也越来越完善，越来越多数码爱好者开始观看直播并购物。对于数码类产品的带货主播来说，这无疑是一个很大的商机。需要注意的是，多数用户购买数码类产品时，更倾向于在产品的品牌官网购买。所以，作为新人主播，想要通过直播的方式销售数码类产品有一定难度。

第2章
带货主播：
从小白到直播达人

各直播平台上的顶级主播之所以能被广大用户记住，关键就在于他们都有专业的形象以及独特的人设（人物设定）。那么，如何打造主播的形象及人设，让用户沉浸在直播间，更好地开启直播带货之路呢？这一章就来重点解答这个问题。

2.1 达人主播：打造更值得信赖的主播形象

主播的形象是否具有辨识度，是否能够被人记住，非常重要，这关系着该主播的带货能力。所以，要想让用户记住自己，就需要完善自己的形象，给用户留下一个专业、值得信赖的印象。那么，要如何打造出更值得信赖的人物形象呢？本节就从形象定位、主播打造和能力与性格塑造这3个方面进行说明。

2.1.1 提高主播形象定位水平

在从事直播带货行业时，新人主播要怎么判断自身的形象是否达标？又该如何判断自己的带货能力是否达到了水平线呢？下面就对这些问题做出解答。

(1) 如何判断自身的形象是否达标

主播的类型多样，当选择成为一名直播带货主播时，首先要确定好自己的形象和风格，这是从事直播带货行业的第一步。

具体来说，新人主播可以从一些基础的筛选标准上来了解自身的形象，抑或是根据这些方向，主动让自己更加贴近所需要的形象。下面将从4个方向来分析，帮助主播找到自己的主播风格，如图2-1所示。

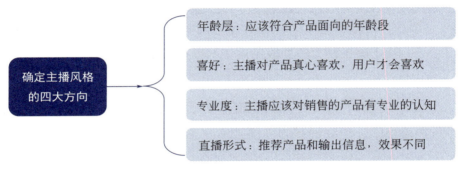

图2-1 确定主播风格的四大方向

① 年龄层。主播的年龄、形象要和产品面向的用户年龄段相符合，这样的话，在销售产品时，会达到非常好的宣传效果。例如，年轻的女主播可以在直播间推荐一些时尚化妆品、时尚首饰；妈妈级别的主播推荐婴幼儿用品；喜欢养生的中年主播可以推荐一些茶具用品。

这样可以吸引同年龄层的用户的目光，让他们对直播产生兴趣，愿意在直播间停留，也可以获得更多精准的直播流量，从而有效地提高产品的转化率。同时，这也有利于对直播间的用户进行分类，根据用户群体来推荐产品。如图2-2所示为服装主播推荐与其年龄层相贴近的产品。

② 喜好。喜好这个标准非常简单，就是主播要真心喜欢自己直播间内的产品。主播对产品的喜欢，是会自然而然地表现在面部表情和肢体行为上的，而屏幕前的用户在观看直播的过程中，是能够明显察觉到的。如果主播自己都不喜欢自己推荐的产品，则很难引导用户去购买，这样对于产品的转化率来说是不利的。

图 2-2　服装主播推荐与其年龄层相贴近的产品

③ 专业度。主播自身的专业度也会影响产品的转化率。以服装直播带货为例，主播要掌握一些基础的服装知识，同时积极了解产品的相关信息，才能游刃有余地回答用户的各种问题。

对于商家提供的产品，主播更加需要去了解产品的功能卖点和价格卖点。功能卖点就是这件产品的优势和特点，而价格卖点则涵盖了产品的营销策略和价格优势等。了解并分析出产品的两大卖点，可以让主播的直播内容更加吸引和打动用户。

④ 直播形式。直播的形式主要分为两种，如图 2-3 所示。

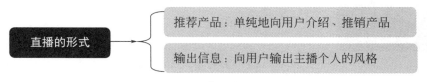

图 2-3　直播的形式

直播的形式取决于主播在直播时是单纯推荐产品，还是输出信息。选择直接推荐产品，可以提高产品的曝光率，这对于产品的转化是有帮助的。如果选择输出信息，那么产品的转化率可能就会比较低。

输出信息就是主播在前期打造个人和直播间风格，建立自己的直播特征。

输出信息的过程是缓慢的,但是可以提高自己的曝光度,而且一旦后期反应不错,还可以让主播的直播拥有不错的竞争力。

(2)如何判断专业主播的带货能力

带货能力直接关系到直播的销售额,以及主播在平台的发展前途、商业价值等。这也是所有商家和直播平台都关心和重视的一个方向。

对于商家来说,选择主播负责自家产品的推广及销售活动时,主播的带货能力格外重要。而对于直播平台来说,带货能力强的主播可以有效地提高用户对直播平台的关注度,因此,平台也会格外重视主播的带货能力。

基于这种情况,新人主播如何判断自己的带货能力呢?可以从两个方面来分析。一是查看自己直播间里产品的销售情况;二是根据直播间的各项数据进行合理分析。

产品的销售情况是判断主播带货能力的一个直接依据,许多商家都会以此判断主播的带货能力,而产品的销售情况一般取决于两个因素,如图2-4所示。

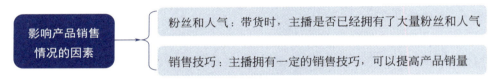

图2-4 影响产品销售情况的因素

但是,仅以销量情况来判断主播的带货能力是不全面的,因为一个主播的带货能力还和其他很多因素有关,如图2-5所示。

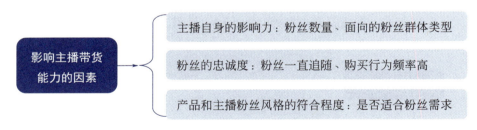

图2-5 影响主播带货能力的因素

主播可以针对上述因素,根据自身的实际情况来判断自己的带货能力。而在向其他主播学习时,主播可以通过两个关键点去判断对方的带货能力,如图2-6所示。

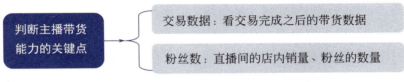

图2-6 判断主播带货能力的关键点

2.1.2 掌握策略成为专业主播

正式成为主播后,要如何快速地成长起来,是很多新人主播关注的重点。在直播行业中,有太多的人是怀着试一试的心理,加入到直播行业中的。

但是要成为顶级主播,并不是一件容易的事,这其中有着太多不稳定的因素。对于新人主播来说,当下应该重视的是了解直播的基本流程,并拓展出适合自己的发展方向,找到有效策略,让劣势转变为优势。

(1)掌握直播流程,加快主播打造进程

在直播中,主播并非单纯地在屏幕前进行直播,这只是直播工作中的一部分。真实的情况是,从进入直播行业开始,主播就需要一步一步扎实地打好基础。

为了帮助大家更好地了解直播的流程和步骤,下文将从直播的4个阶段来介绍新人主播在直播各个阶段的工作内容,以及需要掌握的技能。

① 开播之前:选择领域,清晰定位。

主播大多选择的是自己较擅长的专业或者喜欢的领域,这样可以帮助主播更加从容地进行直播。

直播带货的直接目的是让用户下单购买产品,但这是需要一定销售技巧的。其中,比较基础的就是主播自己对产品要有专业的认知,让用户信任自己。当然,更重要的是产品的品质可以让用户愿意再次进行购买,这才是留住用户的最好办法。

除了选择专业之外,主播还需要对自己的定位有一个清晰的认知。主播在一定程度上和偶像一样,也会拥有自己的人设,不管是可爱的萌系主播,还是漂亮的御姐型主播,都是具有识别度的人设类型。在直播行业中,主播的人数和类型很多,想让用户记住你,不能单凭外表,还要有一个清晰的定位。

② 试播阶段:选择机构,培养技能。

在这个阶段,主播首先要做的就是认真挑选直播机构。在直播机构看来,投入的成本可以快速得到回报才是关键，但是，新主播是很难在短时间内就获得流量，给机构带来效益的。对于这种情况，一些机构为了降低成本，只好尽可能地去压缩新主播前期的投入。而新主播在前期恰恰是非常需要培养和关注的，在得不到关注和重视的情况下，主播在遇到问题和疑问时，只能选择自己一步一步摸索，进而改正，这样会耗费很多的精力和时间，影响主播的孵化成功进度。

很显然，这不利于主播的成功孵化，也在一定程度上浪费了主播的宝贵时间，耽误了直播进程。为了避免出现这种情况，机构和主播就可以从以下两个方向来做出改变，节约彼此的时间，从而提高孵化成功的概率，如图2-7所示。

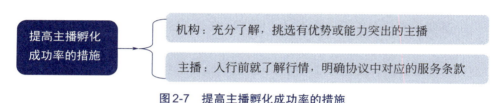

图2-7 提高主播孵化成功率的措施

另外，在正式步入直播行业后，主播应该主动去了解、学习直播知识，在初期尽可能多地汲取专业知识。主播不是一个可以随便对待的职业，不管是想吸粉、扩大自身的影响力，还是想通过直播带货获得收入，都需要认真地去学习直播知识，从而提高实战能力。

具体来说，试播阶段的主播可以通过以下两种渠道去学习和积累自身的直播经验，如图2-8所示。

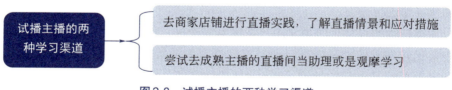

图2-8 试播主播的两种学习渠道

③ 运营阶段：保持势头，承接流量。

新人主播在刚刚开始的第一周，是很难获得高流量的。基于这个原因，机构以流量的多少来判断主播的直播水平是不合理的。但是，重点考察的数据中用户在直播间的停留时间长短和"路转粉"的比例非常关键，如果这两个数据都不错，下一周主播的数据大概率会呈现上升趋势。

为了从一开始就把这两个数据做好，机构和个人主播需要在直播脚本上下一定的功夫，规划主播每天的工作流程，以及具体的内容安排。

在进入直播行业的前几天，主播可以不考虑安排产品，只专注于树立和强化人设。到后面几天，再开始介绍并推荐一些产品。注意，产品数量要和直播间的直播时长、带货强度保持一致，并且呈现同时上涨的趋势。

如果第一周的数据不错的话，那么第二周的数据通常会上升。第一周在平台上的表现相当于为下一周获得流量做一个铺垫，第一周属于获得流量的一个过程，而第二周则可以承接上周的流量分配。

这个时候，主播需要做的就是维持之前的风格，不要去轻易改变，或者寻求所谓的突破，整个直播风格要保持一个稳定的状态。只要好好吸收、消化流量，主播和直播间在平台上面的印象分数就会提高，有利于分配到更多流量，这对于后期主播的成长是非常有帮助的。

④ 起飞阶段：持续改进，优化细节。

这个阶段，直播间的数据会出现明显的变化，变化的结果有两种：变好或者变坏。如果数据一直都呈现逐步上升趋势，就表示主播已经孵化成功，可以进行下一步的计划了；如果直播间数据没有提高反而下降，那么主播和机构就需要重新制订主播的孵化计划，同时要保持好心态，做好打长期战的准备。

孵化成功后，主播和机构要做的就是优化直播间的细节。例如，主播可以根据当天场次的直播内容来添加一些信息，用来突出直播间的风格，起到吸引潜在用户的作用。除此之外，主播还可以在直播间的背景、灯光、饰品和摆设等细节上进行一定的优化，起到锦上添花的作用，提高直播间的视觉效果。

（2）适当拓展专业方向

不管从事什么工作，全能型的人才总是更有发展机会和发展空间。在直播行业中也是如此，如果可以成为一个全能型的主播，在直播行业里肯定有更大的成长空间。但是成为全能型主播却不是一件易事，因为这需要全方位的培养，投入的各项成本通常会比较多。

进入直播行业的前期，主要是做好积累和沉淀，建议主播在这个过程中，慢慢打好根基，专注于某个具体的方向。至于一些在直播行业里已经直播很久，却始终没有很大进展的主播，可以考虑拓展一下其他渠道。但是切记，不管什么行业，都需要往专业的方向去努力，才能有所发展。

（3）改变发展策略，将劣势转变为优势

想要在直播带货之路上取得成功并不容易，所以适当地改变发展策略，也是一个将劣势改为优势的方法。以服装直播带货主播为例，并不是拥有完美身材和体型的主播才可以进行直播带货。现实中,大部分人的身材和体型都不是那么完美,因此自然需要各种身材和体型的主播来进行产品的展示和推荐。

那些身材不够完美的主播,有时反而更加容易打动人。这些主播在现实生活中可能并不受人关注,但是在直播平台上,她们的人气却和其他主播没有很大的不同。

2.1.3 全方位塑造能力与性格

每一个新人主播都希望可以早日成为一个大主播,但是成为大主播的过程并不容易,需要付出一定的时间和努力,经过不断地学习,提升自己的直播知识,改善自己的直播风格。本小节主要介绍培养主播专业能力与形象的相关知识,具体来说,主播要做到以下两点。

(1)培养主播专业能力,赢得用户信赖

在直播过程中,主播应该学会用自己的专业能力去赢得用户的信赖。以服装类直播为例,由于大部分人很难得到服装的搭配建议,因此,服装带货主播要根据不同用户的体型,来为他们推荐合适的服装。那么,主播本身就需要掌握专业的穿搭技巧,能够根据不同体型分析出其合适的穿衣风格。

(2)树立主播专业形象,获得用户认可

主播要想长久地走下去,成为一个专业的带货主播,还应该学会以下3点来树立主播的专业形象,如图2-9所示。

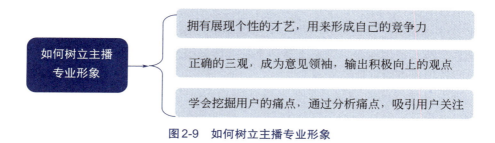

图2-9 如何树立主播专业形象

① 展现个性的才艺。主播最好拥有一项才艺或者爱好,只要是积极向上的,能够展现出自己性格、风格的都可以,还可以慢慢地将其打造成自己的竞争力。

② 正确的三观。主播的角色在某种程度上可以说是一个意见领袖,如果想

要获得用户的追随和认可,那么就需要主播拥有正确、清晰的三观,尤其在现在这样一个信息日新月异的时代,发表言论时需要非常谨慎。

③ 学会挖掘痛点。拥有可以展现个性的才艺、正确的三观,这是成为一个合格主播的基本条件,而想要成为一个有认知度、发言权和影响力的主播,学会挖掘用户的痛点,才是关键之处。

2.2 打造人设:让主播更有记忆点

每天都有无数的主播加入直播行业,用户可以看见各种风格的主播。因此,要成为一名有识别度、有知名度的主播,变得越来越难了。

本节将通过对"人设"的相关内容进行讲解,帮助主播利用"人设"来增加个人魅力,从而增加直播的记忆点和话题性,让直播之路更加顺利。

2.2.1 立人设是迈向成功第一步

人设,即对人物形象的设定。"人设"起初是出现在动漫和影视中的专业词,是一种给特定对象设定人物性格、外在形象或造型特征的表述。

现在社会上,"人设"这个词开始不断地出现在公众视线内。在日常生活中,人设的传播效果在一定程度上开始影响现实中的人际交往关系。那么,在竞争激烈的带货直播行业中,作为众多带货主播的一员,主播要想让用户记住自己,就要打造一个辨识度高、有记忆点的人设,这样才能吸引更多用户关注,从而获得更多流量。

在娱乐圈中,"人设"已经是一种常见的包装、营销手段,许多艺人都贴上某一种或多种人设标签。那些和实际情况相符合的人设,让艺人更具有识别度和认知度,能够不断地加强他们的形象风格,扩大他们的影响力。当然,演艺圈里的艺人更多的还是根据需要,主动去贴合观众和粉丝的喜好,从而创造出某种人设。这是因为艺人可以通过创造人设丰富自己的形象,让观众对其产生深刻的印象,从而保证自己拥有一定的流量。

而主播在某种程度上也和明星艺人有着一些相似之处，他们都是粉丝簇拥的公众人物，都需要粉丝的关注和追随，以便更好地展现出自己的形象，增强自己的影响力。

这也表明，想要在直播行业中发展得更好，主播也是需要树立自己的人设的。因为只有通过准确的人物设定，才能让用户来发现你、了解你，让你从众多主播中脱颖而出。

和那些有自己的人设标签的主播相比，一些没有树立起鲜明人设的主播就会显得缺乏记忆点。这就是为什么在直播间里，能创造出高销售额的主播不止一个，但是大家能说出名字的，却往往只有几个比较有特色的主播。

由此，大家可以初步认识到，人设的力量是无穷的，人设的影响力是无形的。所以，主播要明白，树立好自己的人设，对后续的吸粉、引流有着重要作用。只有学会运用人设去抓住用户的目光，让用户对你的直播感兴趣，才能更好地迈向成功。

2.2.2 了解人设，定制个人标签

在日常生活和人际交往中，"人设"已经渗入每一个人的行为举止当中，只是普通人的人设比较接地气，更具大众性。即便如此，每个人也能突出自己的特点，形成自己的特色，从而形成自己的标签，获得他人的关注。

例如，当有人想体现出自己好学的一面时，便会有意无意地向周围人传递自己最近在看书的信息，或者把自己看书的照片放在社交网站上，从而让他人觉得"他真的很好学"。

通过这种方式在他人心中留下了好印象，这就是在树立自己的人设。在树立人设的过程中，还需要通过日常生活中的各种行为，不断地加强人设，以此增加自己的魅力。

同时，人设的树立，对于提高、加深自身形象的好感度、认知度也起着非常重要的作用。某人曾经说过："在若干人相聚的场合，人的身体并不仅仅是物理意义上的工具，而是能作为传播媒体发挥作用。"

我们都知道，如果某人喜欢说话，并且热衷于谈话艺术，只要他适当地展现出来，进行自我的宣传与传播，那么他的形象就会被人冠以"能言善道"的人设标签。相反，如果某人既不重视运用谈话技巧，也不重视自己的外在形象，那么在与人交流沟通的时候，也会得到标签，只不过标签是负面的。

由此可知，在当今社会中，人设就是个人的标签，而主播完全可以发现、创造出自己的人设，打造自己的特色。下文简要介绍一下人设的相关内容，希望能让读者了解人设，塑造出适合自己的人设。

（1）人设的作用

依靠设定好的人物性格、特征，也就是"卖人设"，可以迅速吸引更多的潜在用户来关注你。毕竟粉丝就是经济力，通过塑造出迎合大众的人设，把自己的人设形象维持住，就能带来一定的收益。

几乎所有人都在积极地塑造自己的人设，当大家提到某一个明星的时候，总会在脑海里出现其对应的人设标签。

甚至，越来越多的品牌也开始不断地树立、巩固和加强自身的形象，给品牌贴上标签，这不仅仅能使品牌的知名度大幅度提升，激发无数用户的购买欲望，还能让用户自发地去对品牌进行二次传播和推广。

明星艺人和品牌打造人设标签的最终目的，就是观众和用户可以对他们或他们的产品产生更深刻的印象，以此获得更多的关注。

总而言之，不管是人物的"人设"，还是品牌的"人设"（品牌的标签），其打造的原因和目的都是一样的，对于主播来说也是如此，拥有鲜明的"人设"，就可以更好地展示个人形象。

（2）人设的经营

对于主播来说，不仅仅要确定好自己的人设，更要学会如何经营人设，这样才可以保证自身树立的人设能够得到广泛的传播，达到自己想要的效果。

"人设"的经营是一件需要用心去做的事情，只有这样，才能使自己的"人设"成功树立起来。主播可以从4个方面做好人设的经营，具体如下。

① 选择符合自身性格、气质的人设。主播应该根据自己的实际情况来挑选和塑造人设，这样才能达到较好的传播效果。如果人设和自身的真实性格差别较大，很容易导致传播效果出现偏离，甚至会出现人设崩塌的情况。

② 根据自身人设采取实际行动。实际的行动永远比口头上说一百次的效果有力得多，主播向外界树立起自己的人设后，要根据自身人设采取实际行动，这样才会获得用户的信任，这也是人设经营中的基础和关键之处。

③ 根据他人的反馈及时调整。树立人设后，主播可以了解身边的工作人员和朋友对自身"人设"的反应，并及时对自身人设进行一些合理的改进和调整，更新人设形象，使它更加符合用户的预期。

④ 开发、树立多方面的人设。单一的人设虽然安全，在经营上也比较轻

松，但是可能会使得人物形象过于单调、片面。毕竟人的性格本身就是多样化的，开发、树立多面的人物设定，可以让人物的形象更加饱满、更有真实感。

此外，不同的人设可以吸引到不同属性的用户，也可以满足用户的好奇心和探究欲，让他们更想了解你。

这种多面的人物设定，有利于增加自身形象的深度，也能维护粉丝对自己形象的新鲜感。例如，人物角色的两种反差设定，可以使人物形象更加丰富、立体，从而使自己的形象更加出色。

但是，需要注意的是，主播在树立多种人设形象时，这些人设的风格、类型不要相差太大，否则"人设"和"人设"之间就会自相矛盾，显得不够真实。

（3）人设的影响

"第一印象"这个词大家都不陌生，大家常常会说起的话就是：当时对某某的第一印象怎么样，后来发现怎么样。像一些成语里的"第一印象"，就起着关键作用，例如"一见如故""一见钟情"，它们都是在"第一印象"的作用下产生了一系列行为和心理反应。

在人设运营中，"第一印象"起着重要作用。下文将介绍关于"第一印象"的知识，从而帮助主播树立起良好的个人形象。

第一印象是光圈效应的铺垫，同时也是运营人设过程中的一个重要环节，它的重要性可见一斑。非常幸运的是，第一印象是能够人为经营和设计的。主播可以通过人为设定自己的内外形象、风格，调整自己给他人带来的第一印象，从而塑造出成功的"人设"形象。

第一印象的形成，对于之后在人际交流中获得的信息有着一定的固定作用。这是因为人们总是愿意以第一印象作为基础，然后在这个基础上，去看待、判断之后接受一系列的信息，这种行为会让人产生固定的印象。

2.2.3 定义更具独特性的形象

在人际交往中，有的人利用主观和客观的信息来塑造人设，达到了预期的传播效果。所以，学会打造独特的人设，可以使主播拥有与众不同的特点，让主播在人群中脱颖而出。此外，对外输出效果的好坏，会直接决定人设经营是否成功。下面就来介绍打造独特人设的基本方法。

（1）确定类型：选择合适的人设

人设塑造的直接目的就是吸引目标用户的关注，确定自己的人设类型是否合适，需要考虑的关键因素就是该人设是否满足了自身所面向的用户需求。

人设可以迎合用户的怡情心理，从而增强目标用户对人设的认同感，这样才可以让用户愿意去了解、关注主播。所以，在人设塑造过程中，确定好人设的类型是一个关键。对于主播来说，确定合适的人设可以快速引起用户的兴趣，刺激用户持续关注直播内容。

例如，对于服装类带货主播来说，选择直播行业里比较流行的人设风格，是引起用户兴趣的有效方式，图2-10所示为带货主播中较流行的"萌妹子"人设和"高冷御姐"人设的主播形象。

图2-10 "萌妹子"与"高冷御姐"人设的主播形象

需要格外注意的是，主播在塑造自己的人设时，要以自身的性格为核心，再向四周深化，这样便于之后的人设经营，同时也能增加用户对于人设的信任。确定好人设类型后，主播可以进一步考虑自己的人设是否足够独特。

对于想从事直播带货的新人主播来说，前面已经有一批成熟的销售主播，想要从中脱颖而出，是需要耗费一定的精力和时间的。因此，新人主播可以考虑在那些还没有人使用的人设类型里，找到适合自己的人设标签。

（2）对标红人：找到精准的人设

人格魅力的产生，很大程度上是源于用户对主播的外貌、穿衣打扮的一个固有印象，以及主播在直播间表现的性格。一个精准的人设，可以更好地拓展直播内容的受众面，吸引到感兴趣的用户。

精准的人设是可以让用户凭借一句话，想到具体的人物。而主播要做的就是通过精准的人设，让自己成为这类人设标签里的红人。

（3）设定标签：提升直播搜索度

一个人一旦有了一定的影响力就会被所关注的人贴上一些标签，这些标签可以组合成一个虚拟的"人"。当提到某个标签时，许多人可能会想到一些东西，这并非只是想到一个单纯的名字，而是某人带给他们的印象或标签，例如严谨、活泼、可爱和高冷等。

主播也可以试着把这些人设标签体现在账号名称和直播标题中。这样，一旦有人在直播搜索栏中搜索相关的标签，就有可能搜索到自己的直播间。如图2-11所示为在"淘宝直播"中搜索"高冷御姐""可爱"标签的结果。

图2-11 在"淘宝直播"中搜索"高冷御姐""可爱"标签的结果

2.2.4 运用差异化策略定标签

因为不同的人设可以让主播之间具有差异性，所以主播在选择自己的人设时，应和其他主播的人设区分开来。为了避免同领域、同类型的主播人数太多，导致无法有效地突出自己的特色，要选择便于用户搜索和区分的人设。

主播的人设类型具有多样性，许多主播正是通过细分人设这种方式，去增强与其他主播的竞争力的。对于主播来说，人设就代表着自身的形象魅力和特色。主播只要把设定的形象不断地向用户进行展示和强化，自然就可以在用户心中留下深刻的印象，所以塑造人设的基本策略就是差异化。

下面将介绍3种主播人设类型，帮助大家了解不同人设的特点、风格，从而更好地寻找有特色的人设标签。

（1）人美声甜的"邻家小妹"

这种人设的主播，一般外形可爱、声音好听，如果从事女装直播带货，将更能吸引用户的关注。

这类主播在塑造自己的人设时，大致有两种表现方法，一种是在直播时，通过发型、饰品上的修饰来巩固自己的人设类型。例如，主播可以简单地利用草帽、发夹以及发带这些饰品来体现出自身的人设风格。

另一种方式相对简单一些。因为这类主播的形象已经非常贴近邻家小妹的风格，所以，在直播的时候，只需简单地利用马尾、丸子头等发型就可以体现出自身的人设形象。

（2）形象和外表反差的"男友"

这种人设通常表现为外表美丽，而肢体语言却非常简洁、帅气，有"男友"风格。主播在直播间的穿着通常比较干练、中性。

这种具有反差性的人设，不仅能吸引男性用户的关注，还能吸引女性用户的追随，满足她们希望被人保护的心理需求。图2-12所示为"男友"人设的主播形象。

图2-12 "男友"人设的主播形象

（3）专业暖心的"大姐姐"

这种人设的主播通常都具有一定的专业性，能够给观看直播的用户一些有用的建议。同时，她们往往会从用户的角度进行产品推荐，让人看上去就觉得主播是一个暖心的"大姐姐"。

观看这类主播的用户80%以上都是女性，因此，主播要学会抓住女性的兴趣和目光，获得她们的信任以及追随。这些女性用户往往更容易花大量时间观看直播，她们不仅拥有强烈的购买需求，还具备一定的购买力。

观看直播的女性一般可以分为两大群体，即学生和宝妈。这两类人群对于技巧性的直播内容都非常渴望，学生想学习更多的护肤、化妆和服饰搭配技巧，宝妈想学习更多的育儿、产后修复和肌肤护理技巧。她们都希望遇到一个能带领自己的专业人士。而专业暖心的"大姐姐"人设，就可以很好地解决她们的疑惑，满足她们的心理需求，让她们可以放心购买产品。

2.3 吸引用户：让用户沉浸在直播间

要想让更多用户观看你的直播，不妨在直播预告上多留一点悬念，吸引用户关注你的直播预告，引起用户的好奇心，为直播间多带来一些用户。当然，要让这些用户都留在直播间观看直播，就要在直播间的场地布置以及直播内容的策划上多费心思。

2.3.1 辅助装备助力直播效果

主播是通过镜头向观众展示自己和自己所处的空间的，所以，在一定程度上，主播可以通过相应的技巧达到美化自身形象、营造良好直播氛围的效果。

面对这种情况，主播可以通过一些辅助的装备，让自己的直播间得到合理的修饰和美化，使直播的视觉效果更上一层楼。图2-13所示为借助辅助设备进行直播的直播间。

在一定程度上，直播效果的好坏与主播的专业程度是有联系的。如果你是个人

图2-13　借助辅助设备进行直播的直播间

主播，没有机构给你提供直播的场所，你就需要自己打造直播间。那么，能营造出较好直播效果的辅助装备都有哪些呢？具体来说，可以简要划分为以下4种。

（1）直播间的镜头

镜头会影响物体的呈现效果。不同的镜头款式也会直接影响直播的呈现效果。

对于很多只分享生活的主播来说，完全可以通过手机自带的摄像头进行直播。但是，如果你想让直播视频的呈现效果更好，可以采用一台手机＋一个外置镜头的搭配方式，打破手机镜头自身的局限性，满足自己对于拍摄技术的要求，图2-14所示为在手机镜头上另外安装镜头。

图2-14　将专业镜头安装在手机镜头上

通过安装不同类型的镜头,可以基本满足直播想要达到的美化效果,这种搭配的方式可以使手机拍摄出来的照片像素变高,使拍摄画面的效果更好。因此,很多人都会选择购买外置镜头来进行直播。除此之外,主播还可以采用摄像头+笔记本电脑的方式进行直播,简单易用,画面质量也可以满足直播需求。

(2)直播间的灯光效果

这里类似影视行业常常说的"打光",通过灯光修饰、美化画面效果。灯光的分类有很多,直播间常用的灯光包括主光、辅助光、轮廓光、顶光和背景光等,这些光源通过与光照角度、亮度、色温等组合在一起,可以呈现出不同的效果和作用。

例如,辅助主光的灯光,可以增加人物的立体感,从而突出侧面轮廓。常用的补光灯就是起辅助灯作用的。一般主播在室内直播,遇到光线不太好或者想改变光线色调的时候,可以使用补光灯,改善镜头前主播所呈现的气色。

同时,轮廓光放在主播的身后,可以勾勒出主播的身型轮廓,从而达到突出主体的作用,增加画面的美感;利用顶光则可以加强人物瘦脸的效果;利用背景照明则可以统一直播间的各光线强度,均匀室内光线。

除此之外,灯光位置的摆放对于直播的呈现效果也非常关键,直播间的场地一般不会太大,建议进行灯光的布局时采取两种方案,如图2-15所示。

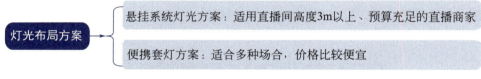

图2-15 灯光布局方案

悬挂系统灯光,可以合理搭配主光、轮廓光、背景光、聚光灯和脸部光线,确保达到人物形象立体、栩栩如生的饱满效果,同时画质更清晰。

便携套灯,相对于悬挂系统灯光来说,更加便于携带,适合多种场合使用,所需费用也比较低,很适合坐播或者站播这种运动范围小的场景。需要外出直播时,携带也非常方便,可以通过拉杆箱随意进行移动。

便携套灯是现在直播主播用得最多的一种方案,通过对灯的不同位置摆放调整光线和效果,使主播的形象更好。图2-16所示为直播中便携套灯的使用效果。

图 2-16 便携套灯的使用效果

（3）直播间的音效应用

在直播时，解决完灯光的问题后，就要考虑声音的呈现效果了。在直播中，主播需要不断和用户进行沟通、对话，在这个过程中，主播可以添加一些活泼、搞笑的声音效果。

主播可以直接在网上搜索"直播音效软件"，下载后，在出现的声音选项里，点击需要的，该音效就会播放出来，之后在直播时，根据场景需要，选择合适的音效进行播放即可。

通过在直播中添加各种音效，可以增加直播间的趣味性，把直播间的气氛带动起来，让用户沉浸在直播间内。

另外需要注意的一点就是，主播进行直播时容易出现回音、杂音等情况，这都不利于直播的观看，会直接影响用户的观看体验。想要消除这种情况，可以通过以下两种方法来解决。

① 主播在中控台观看自己的直播视频时要保持静音。

② 主播用手机观看自己的直播间时要保持静音。

（4）直播间的背景布置

用户是通过镜头来看整个直播间的环境、主播以及商品的，这时需要注意直播间的人和商品在画面中所呈现的视觉效果。具体来说，主播布置直播间的背景时需要注意以下两点。

① 确保直播背景干净。进行带货直播时，直播间背景的视觉效果非常重要。所以，在布置直播间时，需要控制一下背景的颜色，不要给人眼花缭乱的感觉，以简约的风格为主，颜色尽量不超过3种。布局杂乱的直播间，很容易拉低主播在用户心中的档次，这会直接影响用户对其推销的商品价值的认定。所以，直播间的背景要尽量干净整洁。

② 可单独展示主要推荐的商品。主播对于主要推荐的产品款式，需要重点进行展示，这样可以让直播间的每一个用户都看清楚主打的产品，让他们对产品的实物有一个清楚的认识。例如，服装类的带货主播在直播时通常会把主要推荐的产品有序地陈列在主播的身后。

2.3.2 做直播预告要掌握技巧

对于直播带货的新人主播来说，想要让自己的直播达到比较好的效果，每一次直播都需要提前做好准备工作。例如，主播可以提前做好直播预告，虽然直播预告呈现出来的可能只是一个小小的视频或者一段文字，但是它却承载着很多信息。下文以淘宝直播为例，介绍做直播预告需要了解和掌握的知识。

（1）预告时间：避开竞争大的时间段

每天开直播的主播人数多，而且同时间段开播的直播间也多，大家聚集在同一时间段开播，无疑增大了和其他主播抢夺流量的压力。

尤其是一些流量注入较大的时间段，例如19点是下班时间，很多用户会观看直播视频。为此，无数的主播也在这个时间段开播，想要获得多一点的流量注入，但是，对于中小主播来说，在高峰期开直播，很难抢到稳定的流量。

所以，为了避免这种情况的产生，可以主动避开这些高人流聚集的时间段，从而减轻和其他主播竞争的压力。

（2）预告封面：提高封面图的曝光率

直播封面图是组成一场直播的重要因素，它相当于直播的门面，所以主播在设置直播预告封面时需要格外上心，按照官方的制定要求来进行发布。

① 预告封面要求。以淘宝主播平台为例，当主播在该平台发布直播预告时，必须发布两个封面图，这两个封面图的尺寸分别为750px×750px和1120px×630px，封面图内不要有文字，尽量是纯人物的背景。

② 预告视频要求。每一期的直播预告视频时间需要控制在20s以内，容量在2MB以内，并且屏幕的尺寸是16：9满屏，不可以在这个尺寸内加边框。除此之外，预告视频全程不要出现文字，只有纯人物浅色、素色背景的才可以入选首页展现。

（3）预告标题：使用吸睛的流行热词

直播预告的标题也是大有讲究的，想要吸引用户的注意力，就要在标题上多下功夫。首先，预告标题要清晰描述出主题和直播内容，不仅能让用户提前了解，也便于平台工作人员挑选出好的直播内容进行主题包装和推广。

其次，标题要包含具体的内容亮点，在直播预告中上传直播中要分享的商品，能让消费者产生兴趣。

（4）直播标签：获得更多流量分配

在不同的直播标签下，关注的人群类型是不一样的，选择合适的直播标签，可以增大自身直播的推广力度，让更多的人有机会看到自己的直播。

主播在挑选标签时，首先选择好直播的栏目，再在栏目里根据自己的实际情况选择标签，或者根据自己直播所面向的用户类型选择直播标签。合理设置直播标签，可以提升直播间的被搜索力度。

2.3.3 做好直播间的诊断优化

主播需要长时间和用户进行沟通，了解用户的购物需求，解决用户在屏幕上提出的问题。因此，主播很容易忙不过来。

而且在直播的过程中，也很容易气氛上不来，出现冷场的局面。为了避免这种情况的发生，机构和主播都需要对直播出现的相关问题进行诊断和优化，从而更好地稳固、提升直播间的人气。具体来说，主播可以从以下3方面规避在直播过程中出现意外问题，保证直播效果。

（1）规避常犯错误，维持人气

主播在直播过程中，很可能会出现因为一些常犯的错误，导致直播间内的用户流失，下面就对3个直播间的常见问题进行讲解，供主播借鉴。

① 离开镜头，长时间不看镜头。眼神是一种情感表达和交流的方式，在直播时，通过屏幕和用户进行眼神交流也很重要，它可以让用户感受到主播的用心和真诚。

利用直播这种形式和用户进行沟通本来就有局限性，尤其是个人主播，当其在直播过程中全程是一个人在操作时，很容易出现离开镜头的情况。

② 直播时间不固定，随意下播。在固定的时间段直播，有助于用户养成定时看直播的习惯。如果主播的直播时间不固定或者在直播过程中随意下播，那么，当用户在以往的时间点来平台，却没有看到该主播时，就会点进其他的直播间。

③ 直播顶峰出现断播、停播。主播在自己的直播顶峰期出现断播、停播等情况，基本是一种毁灭性的打击。所以我们可以发现，即使是直播行业的顶级主播，他们也时刻保持着高频率的直播次数。这是因为主播在直播顶峰期出现断播、停播，就相当于离开了唯一的曝光平台，只会逐渐被粉丝遗忘，之后即使再重新开播，影响力也会大不如前。

（2）学会适当借力，活跃气氛

主播进行长时间的直播时，一边要不断地向观众推荐商品，一边还要活跃直播间的气氛，另外，还要有针对性地回答直播间用户提出的各种问题，工作量非常大。

所以，为了使直播进展更流畅，可以适当借助工作人员的帮助。例如，主播可以和助理一起直播，适当地借助助理来减轻直播压力，还可以在直播过程中与助理互动，讨论一些消费者感兴趣的话题，营造轻松活跃的直播间氛围。

此外，为了让直播间的人气活跃起来，工作人员还可以在镜头前和用户保持互动，让用户感觉自己被重视，如图2-17所示。

图2-17　工作人员在镜头前与用户沟通

（3）直播松弛有度，减轻压力

因为一场直播的时间通常会比较长，主播很难让直播间一直处于"高潮"状态，如果直播一直冷场，又会留不住用户。所以，主播要把握好直播的节奏，让直播松弛有度。只有这样，才能增加用户的停留时间，让更多用户购买直播间的产品。

一个优质的主播，一定会给大家放松的时刻，那么，如何在直播中营造轻松的时刻呢？例如，主播可以在讲解产品的间隙，通过给用户唱歌或发起话题讨论等，与用户互动，给用户营造良好的购物体验。

除此之外，当直播进入尾声时，为了维持直播间人气，主播还可以利用抽奖或领福利的活动让用户重新活跃起来。

（4）提前测试产品，避免"翻车"

因为直播过程中一旦出现问题，就有可能影响产品的销量。所以，在直播前，主播或直播团队就要做好万全准备，提前测试产品。主播一定要对产品有所了解，特别是功能型的产品。主播要提前对产品进行测试，保证直播时能向用户呈现更好的使用效果，否则，就有可能出现"翻车"的情况。

例如，某主播在进行直播带货时就"翻车"了，他向用户推荐的是不粘锅，可是在展示产品效果的过程中，却粘锅了。这一"翻车"事件瞬间成了各大平台的热门话题。团队了解了原因之后，发现是主播操作不当，才闹了笑话。

对于主播来说，没有提前了解产品的使用方法，就向用户展示产品，是一种不专业的体现。

第3章
沟通技巧：成就直播带货高手

出色的主播都拥有优秀的表达能力，有的主播幽默风趣，能让直播间充满欢乐；有的主播推销能力很强，产品的销量大增。主播如何提高表达能力，掌握营销话术，成为带货高手呢？本章便向大家介绍具体方法。

3.1 表达能力：打造一流的口才

直播的特点之一是具有很强的互动性，因此，主播的语言表达能力对直播间的影响很大，如何培养、提高主播的语言表达能力呢？本节将简要介绍提高语言表达能力的方法。

3.1.1 提高直播语言表达能力

语言表达能力在一定程度上能够体现一个人的魅力，在直播过程中，主播要让用户愿意停留在直播间，就要具备基本的语言表达能力，维护好直播间的氛围，提高直播节目的质量。具体来说，主播可以从以下4点切入。

（1）语言使用：确保用户的观看体验

① 注意语句表达。在语句的表达上，主播需要注意话语的停顿，把握好节奏，同时语言应该连贯，让人感觉自然流畅。除此之外，主播可以在规范用语上发展个人特色，形成个性化与规范化的统一。

总体来说，主播的语言需要具有规范性、分寸感、感染性和亲切感，具体分析如图3-1所示。

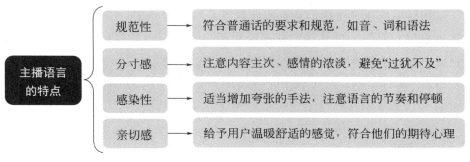

图3-1 主播语言的特点

② 结合肢体语言。单一的语言可能不足以表达情感，主播可以借助肢体动作以及表情进行辅助表达，尤其是眼神的交流，另外，夸张的肢体动作可以使语言更显张力。

③ 积累自身的知识。主播可以在线下注重提高自身的修养，多阅读，增加知识的积累。大量的阅读可以提升一个人的逻辑能力以及语言组织能力，进而帮助主播更好地进行语言表达。

④ 有效倾听。倾听是一个人最美好的品质之一，是主播必须具备的素质。主播和用户聊天谈心，除了能说会道之外，还要懂得用心聆听。在主播和用户交流沟通的互动过程中，虽然表面上看是主播占主导，但实际上是以用户为主。

除此之外，用户愿意看直播的原因在于想与自己感兴趣的人进行互动，所以，主播想要了解用户关心什么、讨论什么话题，就一定要认真倾听他们的心声和反馈，这样才能让直播间的话题保持热度。

⑤ 注意把握时机。良好的语言表达能力要求主播学会挑对说话的时机。每一个主播在表达自己的见解之前，都必须要把握好用户的心理状态。

例如，对方是否愿意接受你传达的信息？是否准备听你讲故事？如果主播丝毫不顾及用户心里怎么想，不会把握说话的时机，就无法引起用户的共鸣。若选择好了时机，让用户接受主播的意见还是很容易的。

（2）幽默技巧：制造轻松的直播氛围

拥有幽默口才的人会让人觉得很风趣，而且幽默还能折射出一个人的内涵和修养。在这个人人"看脸"的时代，颜值虽然已经成为直播界的一大风向标，但想要成为直播界的"大咖"级人物，光靠脸和身材是远远不够的。所以，一个专业主播的养成，必然少不了幽默技巧。

（3）应对提问：加强直播间的互动性

不管是用户还是主播，对热点问题都会特别的关注。所以，很多主播会借着热点事件，发表一些言论，从而吸引用户观看自己的直播。当然，有时候，部分用户也会让主播回答一些争议性很高的热点问题。

那么，主播应该如何正确评价热点事件呢？可以从3点出发。

① 保持客观中立。

② 言论不违反三观。

③ 不偏袒任何一方。

当用户对主播进行提问时，主播一定要积极地回复，这样可以让用户觉得主播一直在关注直播间弹幕的情况，也可以让用户感受到主播对他的重视。

（4）活跃评论区：维护用户的稳定性

打造活跃的评论区主要可以起到两个方面的作用，一是增加与用户的沟通，做好用户的维护，从而更好地吸引更多用户关注账号，成为自己的粉丝；二是随着评论数量的增加，主播的热度也将随之而升高。这样一来，主播将获得更多的流量，而直播的营销效果也会更好。接下来就介绍3种打造活跃的直播评论区的方法。

① 内容引起观众讨论。许多用户之所以会发表评论，主要是因为他对于直播中的相关内容想要发表自己的看法。针对这一点，主播或运营者可以在打造直播时，尽可能地选择一些能够引起用户讨论的内容。这样做出来的直播自然会有用户感兴趣的点，而用户参与评论的积极性也会更高一些，直播带货的效果自然就更好。

以美妆类的主播为例，许多主播在抖音上以分享好物和分享化妆技术的方式打造了短视频内容，目的是促使有过皮肤困扰或者美妆产品挑选困难的用户点击或评论，为进行短视频及直播带货做铺垫。图3-2所示为美妆短视频的评论区页面。

图 3-2　美妆短视频的评论区页面

② 引导用户主动留言。相比于陈述句，疑问句通常更容易获得回应。这主要是因为陈述句只是一种陈述，其中并没有设计参与环节。而疑问句则是把问题抛给了用户，这实际上是提醒用户参与互动。主播可以通过提问的方式，吸引更多用户回答或者讨论问题，从而提高评论区的活跃度。

③ 采用场景化的回复。场景化的回复，简单理解就是结合具体场景做出的回复，或者能够让用户通过回复内容想到具体场景的回复。例如，在通过回复向直播用户介绍某种厨具时，如果对该厨具在什么环境下使用、使用的具体步骤和使用后的效果等内容进行说明，那么该回复内容便场景化了。

相比于一般的回复，场景化的回复能够让用户心中构建起具体的场景。所以，用户看到回复时，可以更清楚地把握产品的具体使用效果。而大多数用户对于产品在具体场景中的使用又是比较在意的，因此，场景化的回复往往更能吸引用户的目光。

3.1.2　学习直播间的聊天技巧

本小节将为大家提供6点直播聊天的小技巧，为主播解决直播间"冷场"的烦恼。

(1)感恩心态:随时感谢用户

在直播的过程中,主播应该随时感谢用户,尤其是对自己进行打赏的用户,还有新进入直播间的用户。在蘑菇街直播平台中,有的主播会对新进入直播间的用户设置欢迎词,如图3-3所示。

图3-3 用户进入直播间自动提示欢迎词

(2)乐观积极:保持良好心态

在现实生活中经常会有一些喜欢抬杠的人,而在网络上,许多人因为披上了马甲,直接变身为"畅所欲言"的"键盘侠"。所以,主播会发现,在直播的过程中,自己经常会受到这些用户的恶意辱骂,这时主播一定要保持良好的心态,不要给自己太大的压力。

另外,主播作为一个公众人物,一言一行都有可能对用户产生潜移默化的影响。为了对观看直播的用户负责,主播要注意自己直播时的语言以及行为。

相比于在直播间内无病呻吟的主播,用户更喜欢传递正能量、能给用户带来欢乐的主播。所以,主播一定要给用户呈现一个积极的正面形象,与用户聊天时,如果聊到热门的话题,语言必须要有正面导向。

(3)换位思考:多为他人着想

当用户提出个人建议时,主播可以站在用户的角度进行换位思考,这样更容易了解用户的感受。同时，主播可以在线上及线下互动时，观察这些用户的态度，并且不断思考、总结，用心去理解、感受用户。具体来说，为他人着想可以体现在3个方面，如图3-4所示。

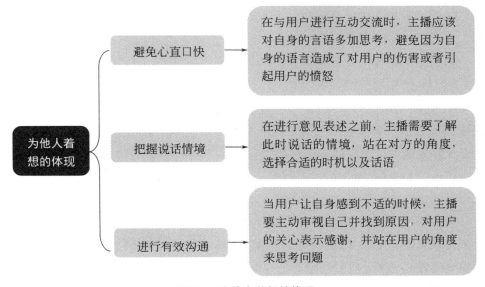

图3-4　为他人着想的体现

（4）低调直播：保持谦虚态度

面对用户的夸奖以及批评，主播需要保持谦虚礼貌的态度。否则，一旦主播与用户起了冲突，不仅会对直播间内的产品销量产生不良的影响，还会让自己在用户心中留下不好的印象。

（5）选择话题：避免冷场氛围

对于新人主播来说，在直播中经常会遇到不知道找什么话题与用户互动的情况，也不知道用什么话题才能切入直播的内容，从而导致直播间冷场的尴尬局面。这种现象的根本原因是主播在直播前没有做好充分的准备，心里难免会紧张，导致直播效果不佳。

那么，主播在直播的过程中该如何选择合适的话题来切入呢？笔者根据自身的经验总结了一些方法，具体内容如下。

① 从用户的兴趣爱好中寻找话题。

② 根据自身才艺特长来展开话题。

③ 从当下的时事热点来引入话题。

④ 在平时的生活动态中切入话题。

⑤ 根据用户的提问求助展开话题。

（6）面对吐槽：维护自身形象

生活中吐槽无处不在，更何况是在网络上。有很多用户将负能量发泄给主播，也有用户不明事理、盲目跟风吐槽的。

面对这些吐槽时，主播要怎样处理才能大事化小，小事化了呢？下面为大家介绍3种方法。

① 直接无视，做好自己。如果用户在直播间吐槽，主播去回应吐槽的人，想要据理力争，那么吐槽你的人可能会更加激动地回应你。这样一来，直播间就会充满火药味，而其他用户看到气氛不对，可能就会离开直播间。

相反，如果用户吐槽时，主播直接无视，那么吐槽的用户在说了一会之后也会觉得这样做没什么意思，这样一来，也没有兴趣再继续吐槽了。

② 侧面抨击。面对吐槽者，没有必要用激烈的言辞直接怒怼，因为主播是一个公众人物，必须要维护好自身的形象。当然，当吐槽者咄咄逼人，触犯了主播底线时，主播可以对吐槽者进行侧面抨击。

例如，可以采用冷幽默的方式进行回应，让用户感受到主播的幽默，同时也对吐槽者进行一番讽刺，或者利用幽默故事从侧面表达自己的想法，间接对吐槽者做出回应。

③ 正面鼓励，自我疏导。面对吐槽，最好的方式就是将压力变成动力，把负能量变成正能量，正面地开导自己，多看一些忠实粉丝的评论，进行自我疏导。在直播间碰到负能量的用户，这件事任何主播都不能控制，主播要学会消化负能量，不让自己受到影响。

如果主播无法从负面情绪里释怀，直播状态势必会受到影响，而主播的状态又会影响带货的效果。因此，主播要多对自己进行正面激励，调整好状态，让内心变得强大起来。

3.1.3 掌握直播销售的沟通技巧

在直播中，主播要想赢得流量，获取用户的关注，需要把握用户心理，语言表达投其所好。本小节将为大家讲述5个提升销售能力的方法，希望能为读者提供借鉴。

（1）提出问题：直击用户内心的痛点

如何在直播中提出问题？以电商直播为例，在介绍产品之前，主播可以利用场景化的内容，先表达自身的感受和烦恼，与用户聊天，进而提出问题，并且让这个问题在直播间内保持热度。

（2）放大问题：放大用户忽略的细节

在提出问题之后，还可以将问题尽可能放大化，以推荐美白补水的产品为例，主播可以适当夸张地向用户讲述皮肤补水的重要性以及不补水的后果，如皮肤缺水容易导致皮肤老化、毛孔粗大等问题，如图3-5所示。

图3-5　淘宝直播中主播讲述皮肤补水的重要性

（3）引入产品：解决前面提出的问题

主播与用户沟通时，在讲述完问题之后，可以适当地引入产品，介绍产品的功效来解决前面提出的问题。

例如，当主播提出与减肥相关的问题时，就可以讲述自己减肥的经历，然后向用户推荐一些健康的代餐产品。

（4）提升高度：讲解产品增加附加值

引入产品之后，主播还可以从以下3个角度进行讲解，提升产品的附加值，如图3-6所示。

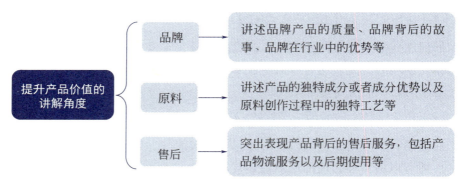

图 3-6　提升产品价值的讲解角度

（5）降低门槛：击破用户的心理防线

降低门槛，就是当主播讲完产品的优势后，适当地给用户提供购买福利，或者限制产品数量来制造紧张感，让用户产生消费冲动的行为。

例如，运营者或主播请一些明星到直播间，借助名人效应，提升产品的附加值，再利用优惠券降低产品价格，来引导用户下单。

3.2 推销技巧：提升你的说服力

作为一名直播带货的主播，需要掌握介绍产品和讲解卖点的重要方法，还要了解直播间常用的一些基本表述，提升说服用户购买产品的能力。

3.2.1　主播必掌握的表达技巧

主播在直播销售的过程中，除了要把产品很好地展示给用户以外，还要掌握一些销售技巧，这样才可以更好地进行产品推销，提高主播自身的带货能力。但是，由于每个用户的消费心理和消费关注点都不一致，所以即使在面对合适、有需求的产品时，部分用户仍然会由于各种因素，导致没有下单购买。

面对这种情况时，主播需要借助一定的销售技巧来突破用户的心理防线，促使其完成下单行为。本小节将介绍5种促进销售的表达技巧，帮助大家提升带货技巧，创造直播间的高销量。

（1）介绍产品，劝说购买

主播在直播时，可以用一些生动形象、有画面感的话语来介绍产品，达到劝说用户购买的目的。下面就来描述一下介绍法的3种操作方法，如图3-7所示。

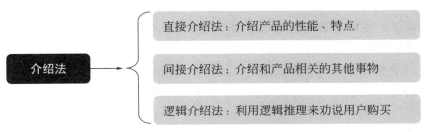

图3-7 介绍法的3种操作方法

① 直接介绍法。直接介绍法是销售工作人员直接和用户介绍、讲述产品的优势和特色，从而达到劝说用户购买的一种办法。这种推销方法的优势就是节约时间，直接让用户了解产品的优势，省去了不必要的询问过程。

例如，某款服饰的材质非常轻薄贴身，适合夏季穿着，主播可以直接介绍服装的优点，或者在直播间表明可以用消费券购买，吸引用户下单。

② 间接介绍法。间接介绍法是采取向用户介绍和产品本身相关的其他事物来衬托介绍产品本身。例如，如果主播想向用户介绍服装的质量，可以介绍做工、面料来表明服装的质量过硬，值得购买。

③ 逻辑介绍法。逻辑介绍法是销售工作人员采取逻辑推理的方式来达到说服用户购买产品的一种沟通推销方法。这也是线下销售中常用的一种推销手法。逻辑介绍法的主要特点表现为以理服人、顺理成章和说服力强。

主播在进行推销时，可以对用户说一些类似"用几杯奶茶钱就可以买到一件美美的服装，你肯定会喜欢"的话，这就是一种较为典型的推理介绍。

（2）赞美用户，引导购买

赞美法是一种常见的营销技巧，每一个人都喜欢被人认可，喜欢得到他人的赞美。在这种赞美的情景之下，被赞美的人很容易情绪高涨，很容易在这种情绪的引导下采取购买行为。

"三明治赞美法"属于赞美法里面比较被人推崇的一种表达方法。首先是根据对方的表现来称赞他的优点；然后提出希望对方改变的不足之处；最后重新肯定对方的整体表现状态。通俗的意思是：先褒奖，然后告知实情，再肯定对方。

在日常生活和主播销售中，主播可以通过"三明治赞美法"来进行销售。例如，当用户担心自己的身材不适合这件裙子时，主播就可以说，这条裙子不挑人，大家都可以穿。

（3）强调产品，大力推荐

强调法，也就是需要不断地向用户强调这款产品是多么的好，多么的适合粉丝，类似于"重要的话说三遍"。

当主播想大力推荐一款产品时，就可以不断地强调这款产品的特点，以此营造一种热烈的氛围。在这种氛围下，用户很容易跟随这种情绪，不由自主地下单。

例如，主播可以在带货时，反复强调此次直播间产品的优惠力度，比如福利价五折、超值优惠和购买即送某某产品等。

（4）示范推销，亲身体验

示范法也叫示范推销法，就是通过看、摸和闻，把要推销的产品展示给用户，从而激起用户的购买欲望。

由于直播销售这种局限性，使得用户无法亲自看到产品，这时就可以让主播代替用户来体验。对于用户来说，主播相对更加了解产品的风格和款式，由主播代替自己来体验，也会更加放心。图3-8所示为示范推销法的操作方法。

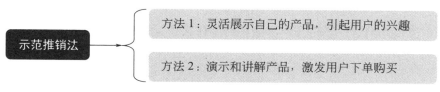

图3-8 示范推销法的操作

① 灵活展示自己的产品。示范推销法是日常生活中常见的一种推销方法，其中涉及的方法和内容较复杂，不管是商品陈列摆放、当场演示，还是模特展示商品的试用、试穿和试吃等，都可以称为示范推销法。这种方法就是通过把产品的优势尽可能全部展示出来，让用户亲身感受产品的优势，来吸引用户的兴趣。

现在的电商直播都会选择这种方式，对产品细节进行展示，对美食进行试吃。

② 演示和讲解产品。对于销售人员来说，演示和讲解产品是非常有必要的，毕竟说得再多，不如让用户亲自使用一下，要是能让用户亲自来试用商品就更加好，就像出售床上用品的商家一样，会创造一个睡眠环境，让用户试睡。带货主播在销售美甲类产品时，亲自试用产品，如图3-9所示。

直播这种线上销售方式，用户无法亲自使用产品。这时，主播可以自己使用产品，通过镜头展现产品的使用效果，如图3-10所示。

 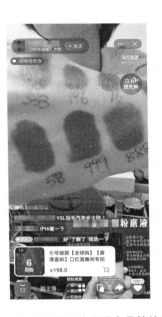

图3-9　带货主播试用美甲类产品　　图3-10　主播在镜头前展现产品的使用效果

（5）限时优惠，心理压迫

限时法是直接告诉用户，现在在举行某项优惠活动，这个活动到哪天截止，在活动期能够得到的利益是什么。此外，还可以提醒用户，在活动期结束后，再想购买，就会多花费不必要的金钱。

例如，主播可以对用户说："亲，这款服装，我们今天做降价优惠活动，今天是最后一天了，你不考虑入手一件吗？过了今天，价格就会恢复原价，和现在的价位相比，足足多了几百元呢！如果你想购买的话，得尽快做决定，机不可失，失不再来。"

这种推销方法，会给用户一种错过这次活动，之后再买就亏大了的感觉，同时，通过告知其产品优惠的最后期限，可以让用户产生心理紧迫感，从而促使其赶紧下单。

主播在直播间给用户推荐产品时，就可以积极运用这种手法制造紧迫感，也可以在直播界面中用"限时抢购""×点前下单××（元）"等字眼，刺激用户的消费欲望。

3.2.2 介绍产品突出卖点

产品卖点可以理解成产品优势、优点和特点，也可以理解为自家产品和别人家产品的不同之处。主播介绍产品时突出卖点，更容易被用户接受，并得到认可，从而达到产品畅销和建立品牌形象的目的。所以，对于商家或主播来说，通过快捷、高效的方式，将产品的卖点传递给用户是非常重要的。

因此，想要更好地呈现产品的价值，主播需要学会从不同的角度来突出产品的卖点。具体来说，向用户介绍产品时突出卖点的表达，可以围绕以下7个方面来展开。

（1）产品风格

以服装直播带货的主播为例，主播可以根据服装款式，设计一些新颖的表述，从而吸引用户的注意力。

例如，女式服装产品的风格有男友风、"森女风"等多种风格，每种风格都有其不同的特点。男友风的服装偏中性，而"森女风"的服装则给人一种小清新的感觉，像是从森林中走出来的女孩，特别适合小巧、外表可爱的女生。主播通过恰当的表述，介绍产品的不同风格，可以激发用户的好奇心。

（2）产品质量

随着流水线生产模式大规模地发展，产品的质量无法得到百分百的保证，导致部分产品的质量欠佳。例如，服装产品会出现褪色、起球等影响穿着效果的问题。

大部分用户选择购买产品时，都会考虑质量问题。所以，主播可以尽可能向用户展示产品的质量情况。

例如，主播在向用户推荐服装类产品时，可以从服装的布料以及设计方面出发，展示卖点。在美妆产品上，主播可以挖掘产品的使用感，对粉底液类的产品，可以推崇其妆感自然，具有"奶油肌"的妆面效果，并且具有超长带妆、24小时不脱妆的卖点。另外，如果主播向用户推荐染发用品，可以直接展现产品的使用效果，如图3-11所示。

图3-11 主播在向用户展现产品的使用效果

（3）流行趋势

大部分用户都会存在从众心理，在介绍产品时，主播可以适当地传达出产品符合流行趋势的信息，满足用户的从众心理，从而引导用户购买。除此之外，主播还可以告诉用户，这个产品在同龄人中是比较流行的，进一步激发用户购买欲望。

（4）明星同款

明星同款是许多商家推销产品的噱头之一，大众对于明星的一举一动都非常关注，他们希望可以靠近明星的生活，得到心理上的满足。这时，明星同款就成为非常好的卖点。如果产品的代言人是某位明星，主播只要利用明星同款的效应来营造、突出产品的卖点，就可以吸引用户的注意力，让他们产生购买的欲望。

（5）原创设计

知名服装设计师所设计的每一个产品，都能吸引大家的目光。用户对设计师个人的崇拜、追随以及信任，往往能驱使他们去购买。所以，主播在向用户推荐服装时，如果这款是某位知名设计师新设计的款式，可以着重突出这一标识。如果设计师不知名，但产品是原创设计，主播也可以跟用户强调该产品是原创产品，突出其设计的独特性。

（6）消费人群

不同的消费人群对于产品的关注、需求点不同，主播在面对这种情况时，就需要有针对性地突出产品的卖点，从而满足不同用户群体的需求。主播在向用户讲解产品时，要根据不同用户群体的需求来展示产品。

以直播卖服装类产品为例，对于成人服装，主播需要突出服装的美观性、多功能性的卖点；而对于童装服饰，主播就要突出其设计中的可爱风格，还要强调产品的质量以及穿着的舒适感，在卖点的宣传上，会偏向于实用性、舒适性和安全性，如图3-12所示。

（7）出色细节

主播在进行直播带货时，可以着重展示产品比较出色的细节部位，这种细节往往可以吸引用户的目光，打动用户的心，使他们产生购买欲望。同时，还可以打消用户下单的顾虑。

例如，在推荐美妆类产品时，主播可以通过亲身使用的方式，在直播间展示产品的使用效果，或者把产品直接靠近镜头，让产品的细节展现出来，以此突出卖点。图3-13所示为主播贴近镜头向用户展示产品的细节。

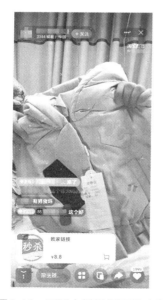

图3-12 不同主播根据不同消费人群介绍产品

图3-13 主播贴近镜头展示产品细节

3.2.3 直播卖货通用表述分析

在直播的过程中，主播如果能够掌握一些通用的表述，会获得更好的带货、变现效果。这小节就来对7种直播通用表述进行详细的分析，帮助大家更好地提升自身的带货和变现能力。

（1）用户进入，表示欢迎

用户进入直播间之后，评论区会有提示，主播看到后，可以对其表示欢迎。当然，为了避免欢迎语过于单一，主播可以在分析之后，根据自身和观看直播的用户的特色来制定具体的欢迎语。常见的主要包括以下4种。

① 结合自身特色。如："欢迎×××来到我的直播间，希望我们的产品和服务能够给您带来良好的购物体验。"

② 根据用户的名字。如："欢迎×××的到来，看名字，你是很喜欢×××明星吗？真巧，我也很喜欢呢！"

③ 根据用户的账号等级。如："欢迎×××进入直播间，哇，这么高的等级，看来是一位大佬了，求守护呀！"

④ 表达对忠实粉丝的欢迎。如："欢迎×××回到我的直播间，差不多每场直播都能看到你，感谢一直以来的支持，看到喜欢的产品可以下单哟！"

（2）用户支持，表示感谢

当用户在直播中购买产品，或者给主播刷礼物时，可以对用户表示感谢。

① 对购买产品表示感谢。如："谢谢大家的支持，××不到1小时就卖出了500件，大家太给力了，爱你们哟！"

② 对刷礼物表示感谢。如："感谢××哥的嘉年华，这一下就让对方失去了战斗力，估计以后他都不敢找我比拼了。××哥太厉害了，给你比心！"

（3）通过提问，提高活跃

在直播间向用户提问时，主播要使用提高用户积极性的话语。可以从两个方面进行思考，具体如下。

① 提供多个选择项，让用户自己选择。如："接下来，大家是想看我讲解哪件产品呢？"

② 让用户更好地参与其中。如："想要我讲解A产品的打1，想看我讲解B产品的打2，我听大家的安排，好吗？"

（4）引导用户，为你助力

主播要懂得引导用户，根据自身的目的，让用户为你助力，用不同的表达对用户进行引导，具体如下。

① 引导购买。如："天啊！果然好东西都很受欢迎，半个小时不到，××已经只剩下不到一半的库存了，要买的宝宝抓紧时间下单哟！"

② 引导刷礼物。如："我被对方超过了，大家给点力，让对方看看我们的真正实力！"

③ 引导直播氛围。如："咦！是我的信号断了吗？怎么我的直播评论区一直没有变化呢？喂！大家听不听得到我的声音呀，听到的宝宝请在评论区扣个1。"

（5）语言个性，吸引用户

许多用户之所以会关注某个主播，主要是因为这个主播有着鲜明的个性。构成主播个性的因素有很多，个性化的语言便是其中之一。因此，主播可以借此打造鲜明的形象，从而吸引用户的关注。

具有个性的语言可以让直播更具特色，同时对用户的吸引力也更强。一些个性化的语言甚至可以成主播的标志，让用户一听到该语言就会想起某主播，甚至于在看某位主播的视频和直播时，会期待其标志性话语的出现。

例如，某淘宝顶级主播在视频和直播时，经常会说"oh my god！""买它"，于是这两句话便成了他的标志性话语。再加上他粉丝量众多，影响力比较大，所以，当其他人说这两句话时，许多人也会自然而然地想起这位主播。

因此，主播在进行直播带货时，也可以适当地设计一些带有个人特色的口头禅，如果用户的反馈比较好，还可以打造成自己的一个标签，并借助这些口头禅引导更多用户下单。

（6）模仿大咖，借用金句

每个行业都会有一些知名度比较高的大咖，大咖之所以能成为大咖，就是因为其在行业中具有比较专业的素质，以及较高的商业价值，并且还获得了傲然的成绩。他们都有各自的特点，包括出色的外形条件、独特的人格魅力，以及特色的推销语等。

对于新人主播来说，在直播前期，要想吸引更多用户，可以尝试模仿大咖，借用其特色看看带货效果。

（7）下播之前，传达信号

每场直播都有下播的时候，当直播即将结束时，主播应该通过下播表述向用户传达信号。那么，如何向用户传达下播信号呢？可以重点从3个方面进行考虑，具体如下。

① 感谢陪伴。如："直播马上就要结束了，感谢大家在百忙之中抽出宝贵的时间来看我的直播。你们就是我直播的动力，是大家的支持让我一直坚持到了现在。期待下次直播还能看到大家！"

② 直播预告。如："这次的直播要接近尾声了，时间太匆匆，还没和大家玩够就要暂时说再见了。喜欢主播的可以明晚8点进入我的直播间，到时候我们再一起玩呀！"

③ 表示祝福。如："时间不早了，主播要下班了。大家好好休息，做个好梦，我们来日再聚！"

第4章

带货技巧：
产品销量瞬间翻倍

> 主播在进行直播带货时，如何使产品受到更多用户的欢迎，又如何让用户愿意购买该产品，这是每一个从事直播带货的主播需要解决的问题。本章将介绍挖掘产品卖点、打造直播内容以及直播带货的技巧，从而帮助大家提高直播间的产品成交率。

深挖卖点：用产品撩动用户

要想说服用户购买产品，主播就要突出产品的卖点。如何才能挖掘出产品的卖点呢？当主播向用户展现产品的卖点时，该卖点是否与用户的需求相符合呢？对此，本节将介绍如何挖掘产品卖点，并向用户呈现产品的价值。

4.1.1 寻找优质货源连接用户

主播在进行直播带货前，首先要学会分析产品的基本情况，确保货源的质量，其次要了解产品的使用群体，确定所销售产品的市场需求和市场容量。

只有针对性地进行产品的介绍及推销，才能切中用户的需求，让用户产生购买行为，从而达到提高产品成交率的目的。下文将讲述如何通过对产品的相关信息进行了解，寻找到优质的货源，从而达到持续连接用户的目的。

（1）分析产品用户

不同的用户有着不同的信息关注点。直播间的用户，性别、年龄和需求都不同，他们对于产品的关注重心自然也会不一样。

例如，同样一件外套，年轻女性看重它的美观性，而年长些的女性则关注它的实用性。这时，主播就要根据了解用户的年龄等个人情况，判断出她们的关注点，分析其购物心理，这样在选择货源时，便会有侧重点。

（2）了解产品市场风向

由于直播带货行业发展迅速，市面上多样的产品给用户提供了多种选择，大众对于产品需求的更新速度也越来越快。例如，某些美妆类产品在去年可能是许多带货主播推荐的，但是到了今年，这款产品很可能就落伍了，没有人愿意购买。

所以，了解产品市场风向，主播才可以满足用户的需求。同时，也能避免出现好不容易得到一批优质的货源，却因为产品过时只能低价出售或者成为库存。

（3）分析商品市场容量

市场容量，指的是在一定时期内，市场所能够吸纳某种产品或劳务的数量。主播在推销一款产品前，需要了解这款产品的市场需求空间以及需求量，根据市场容量及需求来选择产品，才可能有不错的销售额。相反，如果市面上同类型的产品已经饱和，到处都是卖这款产品的商家，此时主播再跟着购入，将很难卖出去。

（4）自主选品，提高用户黏度

如何提高用户的黏度一直是主播非常关心的一点。直播平台上，有无数的直播间可供用户去选择，所以各主播之间的竞争是很大的。

这时，主播不仅要以个人魅力去吸引、留住用户，也需要通过产品来打动、留住用户的心。主播虽然是产品的推荐者，但是许多主播并不会自主选品，只是负责把商家选好的产品卖出去。

我们会发现一些主播的带货口碑很差，这是因为这些主播没有专业的选品技巧，也就无法保证产品的质量与实用性，只是被动地接受商家的带货要求，若商家只考虑利润，产品的质量往往无法保证。

由此可见，带货主播要掌握专业的选品技巧，才能得到用户的信任。例如，某顶级带货主播在参加《向往的生活》这一综艺节目时，其专业的选品技巧让节目中的明星纷纷赞叹。不仅如此，节目播出后，许多不经常直播购物的用户也成了该带货主播的忠实粉丝。

4.1.2　用卖点提高产品销量

对于新人主播或者刚进入直播带货行业的商家来说，有卖点的产品才会更受用户的欢迎。所以，主播要学会利用产品的卖点，来提高产品的销售额，具体来说，可以从以下3方面开展。

（1）适当放大产品本身的特定用途

特定用途的产品，通常是指有明确的目的及用途的产品。用户购买这种产品时，注重的是它的功能性。所以，主播可以适当地放大产品本身的特定用途，吸引用户的注意力。

（2）放大产品价格，给用户占便宜的感觉

当直播间内的某一产品是促销价时，其价格就是很大的卖点。需要注意的是，产品的定价过低，很容易使用户质疑产品的质量。所以，主播可以通过赠送优惠券、赠送赠品或者限量的方式，让用户觉得占到了便宜。同时，主播还可以使用类似"错过了就没有了""产品数量有限，赶紧抢"营造紧张感，让用户赶紧下定决心购买。

（3）利用产品特色，吸引用户下单

产品的特色可以是产品的品牌、风格和设计等多种特点的总和，许多主播在向用户推荐产品时，都会对产品的品牌先进行解说，再对产品的使用效果进行展示。在这个过程中，主播有很多机会向用户展示产品的特色，从而吸引用户下单。

4.1.3 挖掘卖点呈现产品价值

在直播带货的过程中，要想让自己销售的商品有不错的成交率，就需要满足用户的需求点，而满足用户的需求点是需要通过挖掘卖点来实现的。

但是，如果产品在满足用户需求的对比中体现不出优势，那卖点也不能称之为卖点。要使产品可以较大化地呈现出它的价值，主播就需要从不同的角度来挖掘产品的卖点。

（1）从产品的质量角度挖掘卖点

对于大多数用户来说，质量的好坏，是决定他们是否下单以及复购的重要因素。随着产品的同质化，用户面临的选择也越来越多。在选择的过程中，难免会购买到质量差的产品。

所以，作为新人主播，要想说服用户购买产品，就必须证明产品质量能够符合用户的要求。

以服装类带货直播为例，用户除了关注服装的实用性、耐用性和外形设计外，也会考虑舒适性。因此，很多的服装品牌、商家想要展现产品的卖点时，会通过展示布料的质地来体现出服装的质量。

这时，主播在挖掘产品卖点的时候，可以尽情地向用户展示产品的质量情况。图4-1所示为服装类带货主播向用户展示产品质量的卖点。

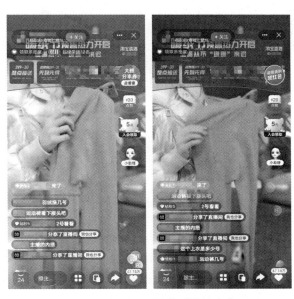

图4-1　主播展示服装质量的卖点

（2）从产品的外形设计挖掘卖点

由于环境、场景和心理等多种因素的影响，用户对于产品款式的需求是不一样的。而且同一产品的不同版型，会呈现出不同的视觉效果，主播可以根据外形设计挖掘产品的卖点。

例如，主播在向用户介绍休闲套装时，可以突出它简约的设计风格；向用户推荐连衣裙时，则可以体现出外形设计优雅、潮流的风格。如图4-2所示，主播介绍不同服装时，从外形设计向用户展示卖点。

图4-2 主播展示服装外形设计的卖点

（3）从产品的实用效果挖掘卖点

对于部分用户来说，他们注重的是产品的实用性。如果产品不能真正地为他们所用，那么不管外形设计和质量有多么符合自己的需求，也不会下单购买。

所以，要说服这类用户购买产品，主播还得从实用效果角度挖掘卖点，真正地让用户觉得产品是多方面符合自己的需求的。

（4）结合产品的销量挖掘卖点

大部分用户会存在从众心理，这也是为什么在网购时，人们往往会选择购买月销量比较高的产品。主播在给用户推荐产品时，可以利用用户的从众心理，结合产品的销量挖掘卖点。

同时，销量在一定程度上能够反映出当下的流行趋势，主播在挖掘产品的卖点时，可以把产品的销量与流行趋势相结合。

（5）借助名人效应挖掘卖点

借助名人效应来向用户推荐产品是非常有效的，如果主播推荐的产品与明星所用的是同款，那么，这款产品的销量一定不会很差。

主播只要利用名人效应来营造、突出产品的卖点，就可以吸引用户的注意力，让他们产生购买欲望，这也是淘宝及京东上明星同款产品销量好的原因。

（6）从产品的出色细节挖掘卖点

主播在进行直播销售时，可以着重展示产品比较出色的设计部位，这种细节往往可以吸引消费者的目光，打动消费者的心，使他们产生购买欲望。

以鞋靴类产品直播带货为例，主播或模特把鞋子穿在脚上，很难把细节特色展现出来，主播就可以通过对鞋子的细节之处进行醒目的展示，让消费者看到产品的特色和新颖感，同时让消费者看到想要的细节展示。

另外，如果主播发现鞋子的某个设计特别好，想要将其展现给屏幕前的粉丝，或者有粉丝提出想看鞋子的某个细节部位时，为了激发粉丝的购买欲望，解决用户提出的需求，主播可以采取直接靠近镜头的方式，把鞋子的特色设计展现出来，以此形成卖点，如图4-3所示。

图4-3　主播展示鞋子外形设计的卖点

4.2 痛点痒点：发挥关键性作用

和实体店一样，主播在直播的过程中，需要通过和用户沟通、交流，同时运用说话的技巧，抓住用户的心理变化，从而达到促使用户下单的目的。

所以，让用户放下下单前的最后一点犹豫，是很多商家与主播最关心的，毕竟有太多的用户，虽然在开始时表现出了强烈的购买欲望，但是到需要付款的那一刻却犹豫或放弃了。下文介绍如何通过把握用户痛点及痒点来促使其完成下单。

4.2.1 解决痛点，促使用户下单

痛点，顾名思义，就是用户急需被满足的需求点。大部分用户进入带货直播间观看直播，就表明他们在一定程度上对某些产品是有需求的。

这时，即使当时的购买意向并不强烈，主播也可以通过抓住用户的痛点，从而激发起购买欲望。下文将介绍如何通过解决痛点来促使用户完成付款行为。

（1）提出痛点：找出用户的"刚需"

当新人主播提出痛点的时候要注意，只有有关"基础需求"（满足大多数人在衣食住行方面的需求）的问题，才能算是真正的"痛点"。基础需求是用户的根本需求，基础需求没解决，用户的痛苦会非常明显。

例如，服装是每个人在日常生活中都需要使用的产品，所以，主播在介绍服装的时候，不妨从痛点入手。服装是刚需产品，用户现在不需要，并不代表其购买需求和欲望不存在。这时，主播需要做的就是激发用户的购买需求和欲望。另外，主播还可以同时展示多种款式，让用户有更多的选择。

（2）放大痛点：最大化找出用户痛点

放大痛点，就是通过相关技巧，把用户的痛点放大。现代社会对于产品的要求逐渐严格。以服装产品为例，几乎所有人都希望自己在任何场所、环境下，都能穿着得体。衣服所蕴含的功能已经从遮蔽、保暖和保护作用，演变成了展

示个人形象、个性的作用。

现在的社会，衣服是构成个人形象的关键因素，服装在某种程度上就是自己的形象名片。因此，主播在推荐服装时，就需要把用户的痛点放大，强调别人有，而用户可能没有的东西。

例如，对于较胖的女性来说，穿衣不显瘦是她们的痛点，那么主播可以把这个痛点放大，向用户传递买不到合适并且显瘦的衣服有多么痛苦的信息，引起用户的共鸣。当用户感受到痛苦之后，她们自然会产生购物的需求。这时，主播只需要把话题引到产品上，用户就会下单购买了。

（3）解决痛点：给用户一个购买的理由

用户为了解决自己的痛点，一定会主动去寻求解决办法。这时，主播便可以帮助用户解决根本的痛点。

研究显示，每个人在面对自己的痛点时，是最有行动效率的，主播完全可以通过抓住痛点，让购买欲望不强烈的用户也采取下单行为。

例如，部分卖大码女装的直播中，主播的体重达到150斤、160斤，但是，穿上直播间销售的服装之后却一点都不显得胖。与此同时，主播会通过语言艺术来凸显服装的显瘦效果，让许多觉得自己有些胖的女性在看到主播的着装效果之后，觉得自己的痛点是能够通过购买主播推荐的服装来得到解决的，如图4-4所示。

图4-4　主播展示着装并通过语言艺术凸显效果

4.2.2 用痒点给用户营造幻想

痒点，就是让用户产生美好幻想的需求点。打造痒点，也就是主播在推销服装时，帮助用户营造美好的幻想，满足用户内心的渴望。

给用户营造美好的想象一直是很多商家、企业的营销手段。正是通过帮用户营造出美好的幻想，才能使其产生实现幻想的欲望和行动力，这种欲望会极大地刺激用户的消费心理，而行动力则会促使用户产生下单的行为。主播在直播时，同样可以利用痒点，满足用户的幻想，有效地引导用户下单。

例如，一些商家在推销化妆品时，会强调用户只要使用这款化妆品，就可以变得更加美丽；在推销一款空调时，一定会帮助用户去想象这款空调使用起来能让人感觉有多么舒适，如图4-5、图4-6所示。

图4-5　宣传化妆品的使用效果

图4-6　宣传空调的使用效果

4.3 直播"种草"：引导用户决策

直播"种草"就是主播通过介绍产品，激发用户对产品产生购买兴趣的行为。通过直播"种草"的方式，主播可以快速地让用户认识并宣传这个产品，使产品获得口碑传播，从而让更多的用户来购买。

那么，要如何进行直播"种草"，引导用户下定购买的决心呢？本节将为大家做出解答。

4.3.1 内容带货玩转直播"种草"

在直播中，可以从产品、主播、内容这3个方面对用户进行"种草"，当然，不同的角度"种草"的方式也有所不同。本小节将从不同角度，向大家介绍如何玩转直播"种草"。

（1）从产品入手：选择用户偏爱的产品

从产品的角度对用户进行"种草"，可以从产品的选择以及产品的价值上出发，具体可以参考以下两点。

① 产品的高质量。消费者在主播的直播间进行下单，必然是信任主播的。代言伪劣产品，对主播本人的形象也是不利的。选择优质的产品，既能加深粉丝的信任感，又能提高产品的复购率。在产品选择上，可以从以下两点出发，如图4-7所示。

图4-7　如何选择高质量产品

② 产品的高热度。对于中小主播来说，选择高质量的产品对用户进行种草是比较可靠的，但是在自己流量不多的情况下，主播应该考虑带货产品的热度。

如果产品在网上的热度比较高，那么用户在对主播推荐的产品有一定了解的情况下，可能会抱着试一试的心理购买。但是，如果产品知名度不高，用户对产品的品牌就会很陌生，那么，将很难对主播种草的产品产生兴趣。

（2）从主播入手：寻找高商业价值的达人主播

即便是让不同的主播直播销售同一款产品，其销售量可能也会呈现出较大的差别。因此，如果商家要想提高直播的产品销量，就应该为产品找到商业价值高并且合适的带货达人，利用带货达人向用户"种草"产品；如果主播要想让自己"种草"的产品更深入人心，则需要想办法提高自己的商业价值。

① 主播的定位。要为产品找到合适的带货达人，首先要保证产品和带货主播的定位是接近的。例如，如果品牌方和商家需要进行带货的是化妆品，那么选择美妆类主播相对来说是比较合适的。相反，如果选择的是销售生鲜类产品的主播，产品的销量可能就很难得到保障了。

② 主播的粉丝量。品牌方或商家要确保主播开直播之后，能够吸引足够多的流量，从而让产品的销量更有保障。而流量的多少是与该主播的粉丝量息息相关的，一个知名度高的主播往往会比一个新主播获得的流量多。

③ 主播的包装。除了考虑主播的定位及粉丝量以外，主播的包装也是体现其商业价值的重要因素。包装对于主播来说是极其重要的，主播要把自己包装成用户喜欢的样子，才能获得更多的粉丝，从而得到更多的流量分配。

所以，这要求主播对内要有丰富的素养，对外要展现良好的形象，还应该要有独特的人设以及一定的话题性。

（3）从内容入手：制作优质的直播内容

优质的直播内容，也会让粉丝"种草"。例如，在5月21日，某淘宝主播的直播间以晚会形式进行了直播，直播间每隔几分钟就以优惠价5.21元上架一次产品，用户只需要点击关注就可以进行抢购，这场直播吸引了众多用户的注意。然而，要如何打造优质的直播内容呢？需要注意以下两点。

① 明确内容，找准传播点。相对于最初开始直播更倾向于个人秀和娱乐聊天的内容模式，当直播迅速发展和竞争加剧之后，就有必要对直播内容有一个明确的定位，并选择一个可供用户理解和掌握的直播内容传播点，也就是说，在直播过程中，要有一个类似文章中心思想的东西存在，而不能只是乱侃一气。

直播内容的传播点，不仅能凝聚一个中心，把所要直播的观点和内容精炼地表达出来，还能让用户对直播有一个清晰的认识，有利于直播知名度的提升。

一般说来，所有的直播都有一个明确的信息传播点，只是这个传播点在界定上和选择的方向上有优劣之分。好的信息传播点如果在直播带货的策划和运行中明确地呈现，那么直播就成功了一半。

② 确保直播内容的真实性。尽管直播是通过虚拟的网络连接了主播和用户，从内容上来说，真实性仍然还是其本质要求。

当然，这里的真实性是一种建立在发挥了一定创意的基础上的真实。直播内容要注意真实性，并且能和用户产生联系，才能吸引并打动用户。

4.3.2 打造"网红产品"吸引用户

在网红经济不断发展的今天,网红产品、网红景点和网红店铺等产物相继出现,创造了巨大的经济效益。那么在直播带货的过程中,要如何打造网红产品,参与网红经济呢?本小节将为大家介绍一些方法。

(1)发展网红模式:减少边际成本

边际成本在经济学中指的是每一单位新增的产品(生产或者购买的产品)带来的总成本的增量。当一件产品的产量高的时候,商家所需要的成本就低,边际成本也就低。而网红产品,就是商家打响店铺的品牌,来降低边际成本的很好方式。因此,在直播带货中,店家以及主播需要转化带货模式,发展网红模式。

(2)外部KOL合作:高转化率直播间

KOL,即关键意见领袖。主播是KOL的一种,是能够引导粉丝做出某些行为与决策的关键。外部KOL需要在品牌用户数量达到一定的规模,拥有一定知名度的时候,再引入外部的主播、明星进行合作。例如,许多大的品牌及平台,就会寻找一些网红、明星加入直播间,进行带货。

品牌的规模越大,所能邀请的主播、明星也就越多,在网红产品的打造上也就越简单。在进行KOL引入时,品牌需要进行市场调研,了解哪些类型的KOL会更合适,并且寻找相匹配的名单,之后再准备合作方案,最后联系KOL或者主播所在的经纪公司,进行合作。

将KOL引入之后,品牌需要对其进行包装、赋能。除此之外,还可以制造热点话题,提高KOL的影响力。

(3)内部KOL孵化:直播宣传低成本

内部KOL孵化,即品牌或商家自己内部孵化主播。内部孵化需要品牌或商家自己培训主播,从而提高主播的带货能力。许多的大品牌也会采取这种形式进行直播带货。

内部KOL孵化相对于外部KOL引入来说,成本较少,在品牌发展前期,资金不是特别充裕的情况下,选择此方式更适合。

内部KOL孵化前期最需要的是流量的积累,因此,在直播带货时需要注意两个问题,首先是尽量选择竞争力较小的时间点进行直播;其次在主播的选择上,可以选择专业能力强的素人。

例如，选择有过产品销售相关经验的内部人员，这样的主播对品牌产品有一定的了解，可以更好地进行"种草"。另外，还可以利用在长相上拥有优势的人员参与直播，利用其颜值对用户进行"种草"。图4-8所示为某品牌内部KOL孵化的直播间。

图4-8　某品牌内部KOL孵化的直播间

（4）树立标签定位：加深产品印象

转化模式之后，就需要明确产品标签的定位。在进行直播带货时，需要利用标签或者打造标签，并且强化标签印象，让用户熟知该产品。

在广告营销中，许多广告文案的目的就是加深用户对品牌的印象。当该产品家喻户晓之后，就能成为一件网红产品，当然，产品给人的印象必须是正面的。

（5）传递有效信息：吸引消费人群

在直播时，主播可以传递信息，以吸引有需要的用户观看直播，直播间的标题以及直播封面，甚至是主播的名称，都是能向用户传递信息的载体。这些载体向用户透露出直播的内容以及产品优惠的信息，从而引导有需求的用户点击进入直播间观看。图4-9所示为传递信息的直播间标题。从这两个直播标题中，我们可以看到两个主播分别向用户传递了"五分钟快速美甲教程""直播间有福利"的信息，这些信息可以吸引一些想要学会做美甲的用户，以及想领福利购物的用户进入直播间。

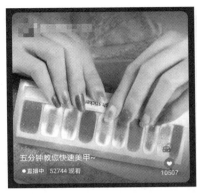

图4-9 传递信息的直播间标题

（6）打造消费场景：产品的场景化

所谓打造消费场景，就是利用场景在用户头脑中形成印象，让用户下次面对该场景的时候，想起这件产品。例如，某品牌"怕上火，喝×××"的广告语，几乎让这款产品家喻户晓，让用户在日常生活中上火的时候，就会想起喝该产品，这就是一个成功的场景营销的案例。

在直播中，主播可以尽可能地借用场景进行营销，并且运用的最好是生活中常用的场景。例如，游泳或者下雨天都是生活中常见的场景，这时，推销化妆品的带货主播就可以借此场景，讲述该产品的防水性，让"不脱妆"效果深入用户的心中，除此之外，主播还可以把产品涂在自己脸上，通过亲自试用向用户展示其防水的性能。

掌握技巧：给用户好的视听体验

与传统的电商及线下购物方式不同，直播销售的模式更注重与用户的互动和联系。这种高互动性的销售模式，要求主播及运营者要有一定的带货技巧，才能给用户良好的视听体验。因此，本节将解读直播销售的优势，并从中分析出带货的具体技巧。

4.4.1 直播利于呈现产品价值

直播是一种动态的视听过程，与传统的电商相比，可以在直播时呈现产品，更有利于提升产品的真实性，展示产品使用细节，从而帮助用户更好地了解产品的使用，有利于实现价值交换。

（1）直播购物直观，用户购买欲望强

在传统的电商购物时，我们经常会通过目录寻找感兴趣的产品，查看产品图片以及文字描述后，才决定是否购买，但这种方式存在一些缺陷，如图4-10所示。

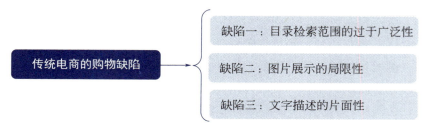

图 4-10 传统电商的购物缺陷

而直播带货的直观性具体体现在以下几个方面，如图4-11所示。

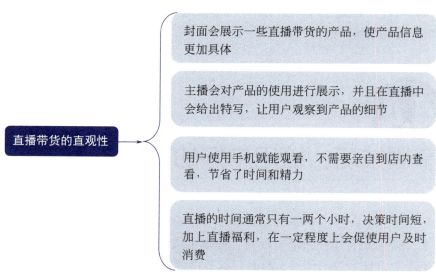

图 4-11 直播带货的直观性

除此之外，直播带货通常是主播进行销售，主播相较于传统的店家来说，能让用户更有亲切感，还能将用户带入自身的角度来思考问题。另外，主播会提供自己的使用感受，让用户能更直观地了解其使用的效果。主播在直播之前还会做足功课，事先了解产品的特点和优势，在直播中用户只需要听主播讲解就可以了，有利于节省用户自己调查、了解产品的时间以及精力。

（2）直播互动零距离，用户消费频次高

以淘宝直播为例，用户在观看直播的同时，可以通过评论向主播提出与产品相关的问题，如图4-12所示。

 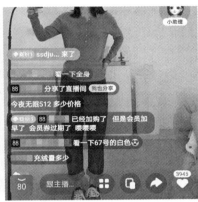

图4-12　用户通过评论向主播提问

这种方式对商家、主播以及用户来说，都是极其方便的，具体可以表现在以下4个方面。

① 节省商家人力成本。直播带货的互动性，可以让用户边看边买，同时在直播中，是一对多的营销模式，可以为商家节省人力成本。

② 帮助用户了解产品。其他用户的提问也可以提供参考，避免遗漏，充分了解产品的性能以及特性。

③ 促使用户参与抢购。在直播互动中，其他人的言语也会影响用户的购买，尤其是在产品疯抢的时候，产生从众心理，让另一些用户也参与抢购，提高消费频率。

④ 提高用户参与感。品牌邀请主播进行直播带货，在给用户营造轻松愉快的购物氛围时，也提高了用户的参与感。这种购物模式不是简单地一对一的产品介绍，而是让用户在与主播及其他用户的互动中购物。

4.4.2　带货五步法提高成交率

了解完直播的优势之后，下面主要介绍直播带货的5个步骤，帮助主播更好地提高成交率。

（1）建立信任，拉近用户距离

在直播带货中提供产品的直播间有许多，为什么用户会选择在你的直播间购买产品呢？那是因为信任。所以，在直播带货的沟通中，我们重点需要建立与用户之间的信任，具体来说，可以从以下5点提高。

① 维持老客户的复购率。主播要服务好老客户，给予优惠福利，调动其购买积极性，借助老客户来挖掘更多潜在的客户。

② 提供详细的产品信息。如果在直播中主播介绍得不够详细、全面，用户可能会因为对产品了解不够而放弃下单。所以在直播带货的过程中，主播要从用户的角度对产品进行全面、详细的介绍，必要时向用户展示产品的细节，让用户了解得更全面。

例如，主播在直播销售包包时，可以将每个细节都展示在镜头前，让用户更直观地看到产品，并告知用户包包的相关信息，展示自身产品的优势。

③ 确保交易环境的可靠。在直播交易中，商家提供的交易方式也会影响用户的信任度，一个安全可靠的交易平台会让用户在购买时更放心，所以主播需要确保交易是安全可靠的，不会出现欺诈、信息泄露等情况。

④ 进行有效沟通。在直播时，主播应该认真地倾听用户的提问，并进行交流和解答。如果在沟通过程中，用户对产品的提问被主播忽视了，可能就会觉得没有得到主播的尊重。

所以，主播在进行直播带货时，需要给予用户适当的回应，表示对用户的尊重。对此，主播可以聘用小助手，负责直播答疑，或者多名助手进行分工合作，这样更有利于直播间的有序管理。

⑤ 完善售后服务。完善的售后服务可以为企业建立更好的口碑，同时也是影响用户信任度的因素。用户购买完产品后，可能会遇到一些问题，而作为店家的运营者和主播应该及时处理，才能避免影响用户的购物体验和信任度。

（2）塑造价值，提升产品高度

决定用户购买的因素，除了信任之外，还有产品的价值，在马克思主义理论中，产品具有使用价值和价值，如图4-13所示。

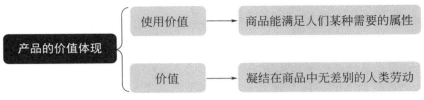

图4-13 产品的价值体现

产品的价值塑造可分为两个阶段，一为基础价值，即产品的选材、外形、功能、配件、构造和工艺；二为价值塑造，在直播中，我们主要进行的是产品价值的塑造，即展示产品的独特性、稀缺性、优势性和利益性。

① 产品的独特性。产品的独特性可以从产品的设计、造型出发，产品的设计可以是产品的取材。产品独特性的塑造可以区别于其他同类产品，凸显与众不同。当然在直播带货中，产品独特性的塑造必须要紧抓用户的购买需求。例如，某化妆品的功效是改善女性肌肤，主播就可以紧紧围绕女性想要改善肌肤的需求进行独特性的塑造。

② 产品的稀缺性。要突出产品的稀缺性，可以在直播带货时主要强调产品的设计，并使用限量、专业定制等词语，表示这类产品是独一无二，甚至具有收藏价值的。例如，许多限量款的球鞋，带有独家签名的手机、服装等，都具有稀缺性。

除此之外，还可以从产品的功能上着手，对产品特有功能、使用人群、使用场景甚至产地进行宣传。例如，地方特产可以在直播中利用地理的特殊性进行销售，将特产作为一个卖点。

③ 产品的优势性。产品的优势性可以是产品的先进技术优势，这主要体现在研发创新的基础上。例如，手机或其他电子产品的直播，可以借助产品的技术创新进行价值塑造，甚至可以是刷新用户认知的产品特点，给用户制造惊喜，并超出用户的期望值。

除此之外，主播还可以从产品的造型优势上出发。例如，小型包包强调轻巧便捷，大小正好适合放置手机以及钱包、口红，并具有外形独特、百搭，适合拍照等特点；较大型包包强调容量大，可放置化妆品、雨伞，并且适合短期旅行。这些都是从不同产品的特点出发，表达不同优势。

④ 产品的利益性。产品的利益性指产品与用户之间的利益关系，产品的利益价值塑造需站在用户的角度进行分析。例如，主播可以介绍这款产品能为用户在日常生活中提供哪些便利，或者能替用户解决哪些问题。总的来说，就是

介绍产品能够给用户带来的好处,让用户觉得产品对自己有价值。

例如,在进行家电直播时,主播可以强调产品给用户生活带来的便捷之处。无论是哪方面的价值塑造都是基于产品本身的价值使得用户获得更好、更舒适的生活体验,这就是产品价值塑造的基础。

以上塑造价值的方法都是基于产品本身的特点所营造的。除此之外,主播还可以通过赋予产品额外价值来实现产品价值的塑造,方法可以从两个方面进行,如图4-14所示。

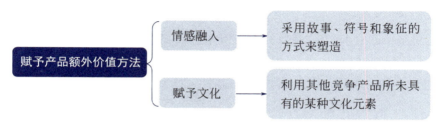

图 4-14　赋予产品额外价值的方法

（3）锁定需求,抓住用户痛点

在直播带货中,用户的需求是购买产品的重要因素。需求分为两大类,一类是直接需求,也就是所谓的用户痛点,例如用户在购买时表达的想法,需要什么样的产品类型,这就是直接需求。

另一类则是间接需求,这类需求分为两种,一种是潜在需求,主播在带货过程中可以引导用户的潜在需求,激发购买欲望,潜在需求可能是用户没有明确表明的;另一种是外力引起的需求,由于环境等其他外力因素促使用户产生的需求。

在进行带货的过程中,主播不能只停留于用户的直接需求,应该挖掘间接需求,如何了解用户的间接需求呢?可以从以下3点出发。

① 客观思考并分析用户的表达。当用户在直播间进行评论、提问的时候,主播需要客观分析其语言,去思考用户真正需要的产品,当用户本身也不清楚自己的需要时,主播就可以通过直播进行引导。

② 选择与用户相符合的产品。每个产品都有针对的群体,你推荐的产品与用户相匹配,就能引起共鸣,满足用户的需求。例如,高端品牌的直播,符合高消费人群的喜好,这类用户在购物时可能更注重产品的设计感和时尚感,不太重视消费价格。因此,主播可以在把握这类群体的心理特征之上,重点分析和讲述产品的设计。

③ 选择符合用户审美的背景。在直播带货中，主播可以抓住用户的审美，设计精致的产品外形，吸引用户购买。例如，主打"高级感"的产品在直播场景的选择上，可以选择简单的背景墙+具有质感的装饰品，通过背景衬托产品。

（4）筛选产品，增加用户满意度

直播带货中产品的好坏会影响用户的体验，所以可以从以下4点来选择带货产品。

① 选择高质量的产品。直播带货中不能有假货、三无伪劣产品等，销售这些产品属于欺骗行为，被曝光后会受到严厉惩罚，所以，主播一定要本着对用户负责的态度进行直播。

② 选择与主播人设相匹配的产品。主播进行直播带货时，可以选择符合自身人设的产品。例如，作为一个吃货，你可以选择美食产品进行带货；作为一个健身主播，你可以选择运动服饰、健身器材等产品进行带货；作为一个美妆主播，你可以选择化妆品、护肤品等进行带货。

③ 选择一组可配套使用的产品。如果单纯利用降价或者低价来推销产品的方式，可能会导致用户对产品质量产生怀疑。但是利用产品配套购买优惠或者送赠品的方式，既不会让用户对产品的品质产生怀疑，还能让用户产生产品在同类产品中，价格相对划算的想法，觉得占了便宜。

例如，在服装的直播中，主播可以选择一组已搭配好的服装进行组合销售，既可以让用户在观看时，觉得搭配好看而进行下单，还能让用户省去搭配的烦恼，是一种省时又省心的做法。

④ 选择一组产品进行故事创作。主播在筛选产品的同时可以进行创意构思，加上场景化的故事，创作出有趣的直播带货内容，让用户在观看直播时对产品产生好奇心，并进行购买。故事的创作可以是某一类产品的巧妙利用，介绍这个产品异于同类产品的功效。也可以是产品与产品之间的妙用，产品与产品之间的主题故事讲解等。

（5）营造紧迫感，促使用户下单

营造紧迫感可以从时间上、数量上着手，在紧张的气氛下，让人产生抢购的心理，从而进行下单购买。

① 时间上的紧迫。运营者和主播可以制造时间上的紧迫感，例如进行产品的限时抢购、限时促销等。通常来说，这类产品的价格相对比较实惠，所以往往也能获得较高的销量。

除此之外，运营者和主播还可以通过直播标题制造时间上的紧迫感。例如，可以将"限时抢购"等词直接写进直播标题里。

② 数量上的紧迫。数量上的紧迫主要是进行产地的限量抢购，限量抢购的产品通常也是限时抢购的产品，但是也有可能是极少数额的限量款，还有可能是清仓断码款。因为这类产品的库存比较有限，所以对有需求的用户，会快速下定购买产品的决心。

4.4.3 掌握带货手段销售产品

对于主播来说，直播只是一种销售手段，通过直播进行带货才是关键。那么，要如何通过直播来进行带货呢？接下来就来介绍一些技巧。

（1）放大优势，便于用户记忆

放大优势，其实就是在直播带货中，既要抓住产品的特点，又要抓住当下的热点，将两者结合起来才能产生更好的市场效果，打造出传播广泛的直播。

例如，综艺节目《青春有你》热播时，各大商家便紧紧抓住相关热点，再结合自家产品的特点进行了别具特色的直播。主播如果能够将产品特色与时下热点相结合，就能让用户既对你的直播痴迷无比，又能使用户被你的产品吸引，产生购买的欲望。

（2）策划段子，围绕产品特点

"段子"本身是相声表演中的一个艺术术语。随着时代的变化，它的含义不断被拓展，也多了一些"红段子""冷段子""黑段子"的独特内涵，并频繁地活跃在互联网的各大社交平台上。

幽默段子作为受人们欢迎的幽默方式之一，得到了广泛的传播和发扬。微博、综艺节目和朋友圈里将幽默段子运用得出神入化的人比比皆是，这样的幽默方式也赢得了众多用户的追捧。所以，主播在进行直播时，也可以策划幽默段子，让带货的过程变得更加有趣。

例如，著名央视主播"段子手"与"口红一哥"共同为武汉直播带货时，就运用了此方法。在这场直播中，这位"段子手"与"口红一哥"讲了许多段子，如"我命由你们不由天，我就属于××直播间。"

当主播在直播间中讲述幽默段子时，很多用户会在评论区留言，更多的用户则会因为主播的段子比较有趣而留下来继续观看直播。主播通过这种方式给用户营造出轻松有趣的购物氛围，用户自然会比较乐意下单。

因此，如果主播能围绕产品特点多策划一些段子，那么直播内容就会更吸引用户。而在这种情况下,直播间获得的流量和销量也将随之而增加。

(3)场景植入,恰当露出品牌

在直播营销中,将产品融入场景,不着痕迹地推销产品,是避免引起用户反感的有效方法。这种场景营销类似于植入式广告,其目的在于营销,方式多样。具体来说,技巧有3点,如图4-15所示。

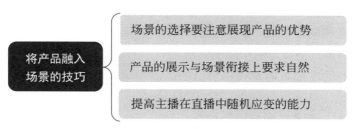

图4-15 将产品融入场景的技巧

例如,某直播间正在销售一款硅胶鞋套,主播为了更好地展示该鞋套,便播放了一条短视频。短视频中不仅展示了下雨天穿上鞋套,鞋子不会湿的场景,还展示了该鞋套的清理场景:主播用水淋了一下鞋套,鞋套就被冲洗干净了。

用户看到短视频中展示的产品使用场景之后,就会觉得该产品不仅实用,而且清理起来也非常方便。这样一来,会更愿意购买该款鞋套。

(4)借助话题,引发用户热议

好的话题往往能够引发用户的讨论,为直播间带来一定的热度。通过话题吸引用户目光可以达到更好的营销效果,那么,要如何把话题融入直播中呢?

首先,直播前可以把话题融入直播标题中,引发用户遐想。纵观市面上各平台的热搜榜,我们可以发现一些特点,这些话题的标题文字简洁,能引发人们遐想,让人产生点击的欲望。针对这一点,我们可以把它融入直播当中。

主播在讲解产品的过程中,也可以与用户进行互动,借助热门话题吸引用户的目光,主播发起的话题热度越高,用户的反应就越热烈。

(5)福利诱导,给用户大惊喜

想让用户在观看直播时快速下单,运用送福利的方式能起到很好的效果。这可以很好地抓住用户偏好优惠福利的心理,从而"诱导"用户购买产品。

例如,某店铺进行了一场标题为"春夏新款一折抢"的直播。为了更好地吸引用户购买产品,主播发出各种福利,例如打折、送福袋和秒杀等。

在直播中，以"福利"为主题，主播使出浑身解数进行促销，向用户全面地介绍了产品的优势；并在直播介绍上，利用"品牌""一折"等关键字眼，吸引了用户的注意；最后，直播中直接赠送用户赠品。通过福利的诱导，观看直播的用户也越来越多。

（6）通过对比，展示产品优势

有一句话说得好："没有对比，就没有差距。"如果主播在直播中能够将同款产品（或者相同功效的产品）进行对比，那么用户就能直观地把握产品之间的差距，看到本直播推荐的产品的优势。

当然，有的主播可能觉得将自己的产品和他人的产品进行对比，有贬低他人产品的意味，可能会得罪人。其实可以转换一下思路，用自己的新款产品和旧款进行对比，或者将新推出的多款产品进行对比。这不仅可以让多款产品都得到展示，而且只要语言艺术使用得当，各款产品优势都可以得到显现。

除此之外，主播还可以拿使用产品的前后做对比，突出产品的优势。以护肤类产品为例，主播在直播间内可以向用户展示使用产品前皮肤状态，与使用产品一段时间后的效果，让用户看到产品的优势。

第 5 章
销售技巧：
打造专属销售王牌

> 要想提高产品的销量，就应该多钻研卖货的技巧。本章将向大家介绍把控直播节奏、提高卖货效率的方法，并总结出部分销售心得以及大咖直播的常用技巧，以供大家参考。

5.1 直播场控：让场控把握直播节奏

主播要想把控直播的节奏，调节直播间的氛围，可以让专业的场控来配合活跃直播间的氛围。

什么是场控？就是起"控制场面"作用的角色，这个角色一般由直播运营或主播助理担任。本节将解读场控的分类以及主要作用。

5.1.1 了解多样的场控类型

场控的类型多种多样，一般来说，现在的直播带货行业里，主要有以下4种场控类型。

(1)"商家式"场控

主播可以通过一定的语言描述，制造出一种在线真实砍价的氛围。例如，主播对用户说："今天商家亲临现场，主播一定为大家争取更多福利。"其中，场控扮演"商家"的角色，配合主播砍价，使用户认为主播为大家要了一个最优惠的价格，让自己占到了便宜。

(2)"运营式"场控

"运营式"的场控会定时组织直播间的玩法，例如用红包、秒杀价来热场，配合主播的直播节奏。这种场控一般不会主动出现在镜头内，不会自我加戏，但是会在适当的时候活跃直播间的氛围，在评论区发一些引起用户讨论的话题，促使用户发表言论。利用"运营式"场控调整直播的氛围，是现在大部分直播间使用的固定套路。

(3)"设计师"场控

某些服装销售的直播里，商家或主播为了更好地讲解服装设计理念和艺术感，就会请服装的设计师或专业的服装搭配师来进行场控。

这种类型的场控，会给用户一种专业的感觉，有利于提高用户对产品的信服度，也有利于提升品牌、服装的设计感。

(4)"家族式"场控

"家族式"场控，顾名思义，就是主播的家庭成员来协助自己进行直播工作，充当场控。

由于主播与场控是彼此熟悉的家庭成员，有一定的默契，一家人互相配合，不会出现冷场的情况，这种场控一般出现在中小主播的直播间内。

5.1.2 了解场控的基本要求

场控在跟播的过程中，不仅仅要配合主播调节直播间的氛围，还要懂得一些运营的套路。一般来说，要想成为一名合格的场控，需要满足以下要求。

（1）定位明确

场控应该明确自己是一个配合的角色，不能太张扬，甚至盖了主播的风头，要明白各司其职的道理，并全力配合主播进行直播带货工作。同时，在跟播时，场控需要配合主播出镜直播。以美妆产品带货直播为例，部分主播为了向用户突出产品的使用效果，会邀请场控来做模特，让场控现场试用产品。

（2）了解产品

场控对产品的深度（同一类产品，它的不同类型、规格）和产品的广度（产品本身能影响的范围大小），都要有基本的了解。在直播过程中，当用户的问题比较多时，场控需要帮助主播回答。

（3）套路多变

在直播间中，由于玩法和内容的重要性，不光主播要思路灵活，场控也要随机应变、思路活跃，并能够应对突发的情况。

主播直播时，用户是可以在直播间内任意发言的，所以，会遇到用户说脏话、乱打广告的情况，这时场控就要维持好直播间的秩序，避免出现影响直播间氛围的情况。

5.1.3　场控让直播锦上添花

对于现在的直播行业来说，场控不仅可以锦上添花，甚至还可能会影响该场直播的成交额。下面就介绍场控的具体价值。直播场控主要起着以下3种作用。

（1）气氛担当

一般来说，气氛活跃的直播间，用户停留的时间相对也会较长，用户一旦长时间停留在直播间内观看直播，产品销量就有可能增长。当主播不太擅长烘托直播间气氛时，就可以选一位场控，让其在直播过程中协助主播，对直播间的气氛进行调控。

当主播在向用户推荐产品或表演节目时，场控可以在评论区制造话题，引起用户的讨论，让直播间内的用户互动起来。

（2）短板补充

主播这一职业的门槛较低，其中大部分新主播并不具备扎实的直播专业知识或者电商方面的基础，例如撰写脚本、了解品牌的诉求等。

所以，主播在直播时，很容易遇到难以回答用户问题的情况，这个时候就需要场控进行协助，回答用户的一些问题。当主播有需要时，场控还要和主播打配合，引导用户下单。

尤其对于产品价格问题，当主播要求降价格时，场控可以反对。这时，主播则表现出站在用户角度思考的样子，让用户觉得主播与自己站在同一立场，并对主播产生信任。

（3）维持秩序

虽然说现在的直播带货行业里，主播是核心的角色，但是，单凭主播一个人的力量，很难在长时间的直播过程中维持住全程的节奏，很容易出现销售额不稳定的现象。即使有直播脚本，也难免会遇到一些意外情况，不能保证状态一直在线。

这时，作为一个优秀的场控，就必须随时做好应对突发状况的准备，通过对产品库存的补充、价格的把控和福利的发放来保障直播间的进程顺利进行。

专业运营：提高直播间卖货的效率

主播或运营者要提高直播间的卖货效率，首先要以用户为核心，确定直播的主题，找准直播的传播运营模式，并给用户提供优质的直播内容，再集合多平台进行直播推广。本节将围绕5点向读者分析如何提高卖货效率。

5.2.1 直播主题以用户为核心

做好直播运营的第一步，就是明确直播的主题。一个引人注目的主题，是吸引用户观看直播的重要因素。因此，如何确立直播主题，吸引用户观看直播是直播运营中最关键的一个步骤。本小节将介绍5种确立直播主题的方法。

（1）明确直播目的并做好准备

首先，主播要明确直播的目的。如果主播想要提高销售量，就将直播主题指向卖货的方向，吸引用户立即购买产品；如果主播的目的是通过直播提升自己的知名度和品牌影响力，那么直播的主题就要策划得宽泛一些，具有深远的意义。具体来说，直播的目的大致可以分为3种类型，如图5-1所示。

图5-1　直播目的的类型

对于持久性营销而言，其直播目的在于通过直播平台持续直播，获得比较稳定的用户，所以，持有这类直播目的的直播主题应该也具备长远性的特点。

除此之外，在策划直播主题时，主播或直播运营者应该从自身产品的特点出发，结合其他同类产品的特点突出自己的优势，或者直接在直播中教授用户一些实用的知识和技巧，慢慢积累直播间的人气，让用户对主播产生好感。

（2）从用户的角度出发来制定

在服务行业有一句经典的话叫作"用户就是上帝"，在直播带货行业中，用户同样也是上帝，因为他们决定了直播的热度，影响着直播间内产品的销售额。

没有人气的直播是无法维持下去的，我们可以发现，直播带货行业中的顶级主播，他们的直播间都拥有着众多的用户。因此，直播主题的策划应以用户为主，从用户角度出发。但是，从用户的角度切入要注意以下3点，如图5-2所示。

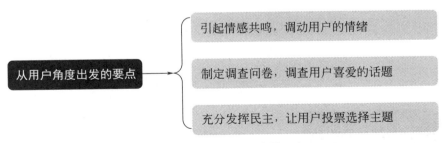

图5-2　从用户角度出发的要点

从用户角度切入，主要是了解用户究竟喜欢什么，对什么感兴趣。现在，关于穿搭和美妆的直播是比较受欢迎的，因为直播的受众大多都是年轻用户，所以这些用户对于时尚有自己独特的追求，比如"清新夏日，甜美时尚减龄搭""小短腿的逆袭之路""微胖女孩的搭配小技巧"等主题都是用户所喜爱的。

当然，让用户自己投票选择主题，也是从用户角度切入的体现。一般来说，直播的主题都是由主播或运营者决定，然后直接把内容呈现出来。

为了迎合用户的喜好，主播或运营者就要按照用户的意愿来随机应变，从而提高用户的参与度。例如，主播或运营者在直播前，可以通过微信公众号、微博等社交软件发起投票，让用户选择自己喜爱的直播主题。

（3）及时抓住时事热点来策划

在互联网快速发展的时代，热点就代表了流量。因此，及时抓住热点，是做营销的不二选择。在这一点上，主播要做的就是抢占先机，迅速出击。

例如，一个服装设计师想要设计出一款引领潮流的衣服，那他就要有对时尚热点的敏锐眼光和洞察力。确立直播主题也是如此，主播或运营者一定要时刻注意市场趋势的变化，特别要关注社会的热点。

总而言之，在策划直播主题时，主播或运营者既要抓住热点，又要抓住时间点，同时还要抓住用户的心理，这样才能做出一个优秀的直播主题。具体来说，在直播内容策划中，抓住热点做直播应该分3个阶段来进行，具体内容如下。

① 策划开始阶段。在这一阶段，直播运营者首先要做的是找准切入点，把热点切入到直播的内容中，然后选择一个发布渠道，也就是找准直播平台，根据自身直播的内容定位及特点来选择合适的直播平台。

② 策划实施阶段。直播内容有了策划的切入点和合适的直播之后，在这个基础上进行具体的内容准备。首先，运营者应该撰写营销宣传的文案，以便加速直播营销的变现。

因此，在撰写文案时，运营者应该抓住热点和用户兴趣的融合点进行文案的撰写，并在整体上对直播内容进行规划布局，根据热点策划直播过程中的主要内容。对直播内容进行规划布局时，需要注意以下3个方面，如图5-3所示。

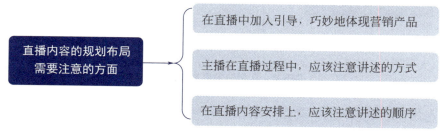

图5-3 直播内容的规划布局需要注意的方面

③ 策划输出阶段。热点是有时效性的，当直播内容与热点相结合时，运营者就要及时输出，避免出现热点过时的情况。因此，直播内容在策划输出时应该找准时间点，吸引用户的关注。通过这种方式，不仅可以吸引大量的用户关注直播间，还可以增加观看直播的用户量，活跃直播间内的氛围，让话题保持热度。如果热点利用得当，主播还可以扩大直播间的影响力，引导用户参与销售产品。

（4）利用噱头打造直播话题

制造一个好的话题也是直播营销成功的法宝。当然，这也是需要技巧的，利用噱头来打造话题能够吸引很多用户的注意力，噱头就是看点和卖点，巧用噱头制造话题，可以让更多用户参与到直播中来。那么，要如何利用噱头来打造话题呢？具体来说，可以从3点展开。

① 引用关键热点词做噱头。
② 抛出关于主播的噱头。
③ 通过爆炸性新闻当噱头。

（5）围绕产品特点展现优势

围绕产品特点展现优势，就是"让产品做主角"。有的主播在直播时将产品放在一边，根本没有向用户详细介绍产品的优势和特点，而是一味地给用户讲一些无关紧要的东西；有的主播一开始直播就滔滔不绝地介绍产品，丝毫没有讲产品的操作和使用方法。这两种直播方法都是不可取的。

用户观看直播的原因是对产品有兴趣，因此直播主题的策划应该以产品为主，主播直播的内容必须围绕产品，并大力宣传产品的优势，只有这样，用户才会被吸引。

所以，主播必须要清楚地认识到，产品才是直播的主角，直播的目的就是让用户对产品留下深刻印象，从而产生购买欲。那么"让产品当主角"具体该怎么做呢？有3个基本要点，如图5-4所示。

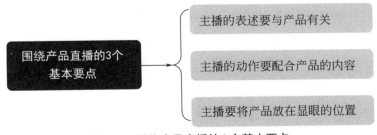

图5-4　围绕产品直播的3个基本要点

5.2.2 直播带货找准运营模式

在直播带货的时候，找准传播渠道也是需要重点把握的一项内容。这种传播渠道从某种意义上来说也是一种模式。随着直播带货行业的不断发展，直播已经不再是单纯的作秀，而是渐渐成了真正的营销方式。所以，想要将产品成功地推销出去，找准直播模式是一个必不可少的环节，具体来说，可以分为以下4种模式。

（1）发布式直播，多平台同步

发布式直播的重点在于多平台同步直播，这种模式的直播只有多平台同步进行，才能吸引更多的用户关注。例如，央视的春节联欢晚会如果没有各大卫视的转播，其知名度和曝光率就不会有那么高。

（2）作秀式直播，掌握方法技巧

"作秀"这个词语，可以分两个层面来解释：一个意思就是单纯地耍宝；另外一个意思就是巧妙地加入表演的成分。很多主播和商家为了避免作秀的嫌疑，可能会一本正经地直播，而这样的直播往往很少有用户观看。所以，有的主播会利用作秀式直播的模式来取得销售佳绩。当然，想要打造好这种模式也需要技巧。

主播想要利用作秀式直播的模式获得人气，就需要结合产品发挥出自己的特色，同时又不能把直播的重点倾向于作秀，因此在直播时，主播要把握好尺度，不能一上来就讲产品，更不能全程都在讲产品，这样用户会失去继续看直播的动力。而应该找点用户感兴趣的话题，然后把话题慢慢引到产品身上来。

同时，直播运营者在直播中可以加入具有特色的桥段，让用户感觉直播很有新意，就像表演一样给人带来视觉享受。

（3）颜值式直播，吸引用户注意

当今的直播带货行业虽然对主播的入门要求比较低，但是想要成为一个名气很高的主播，门槛还是很高的。那些人气高、频繁登上平台热榜的主播，除了依靠背后的经纪公司或者团队之外，颜值也是他们所依靠的优势之一。

（4）IP式直播，营销效果可观

直播营销和IP营销是互联网中比较火的营销模式，很多娱乐主播、著名品牌都采用这两种营销模式，如果将两种模式结合起来，直播的效果会更好。

当然，IP也分为很多种，比如一些名人、明星本身就是IP，那些经久不衰的小说、名著是IP，一本经典的人气漫画也是IP。

随着时代的进步、科技的发展以及人们购物心理的变化，传统的营销方式不再适用。各种营销手段和营销工具源源不断地产生，名人IP也成为直播营销中不可或缺的宝贵资源。所以，主播或运营者应该学会借助IP来进行直播营销，利用IP的热度效应，吸引用户观看直播。IP式直播模式的吸粉引流效果是不容小觑的，善加利用的话一定能取得巨大的成效。

5.2.3 全面打造优质直播内容

直播营销的内容往往是最值得注意的，只有提供优质内容才能吸引用户。主播应结合多个方面综合考虑，为创造优质的内容打下良好的基础。本小节将从8个方面介绍如何提供优质的直播内容。

（1）通过内容包装获得更多曝光

对于大多数主播和运营者来说，打造直播内容的直接目的是更好地进行变现。因此，内容的电商化非常重要，首先要学会包装内容，给内容带来更多的额外曝光机会。

（2）通过互动参与了解内容质量

内容的互动性是联系用户和直播的关键，直播的内容推送或者举办活动，最终的目的都是和用户交流。直播内容的寻找和筛选对与用户的互动起着重要的作用。内容体现价值，才能引来更多用户的关注和喜爱，而且内容的质量不是从用户数的多少来体现，和用户的互动情况才是最为关键的判断点。

（3）用动人的内容进行情景诱导

直播的内容只有真正打动用户的内心，才能吸引他们长久的关注。也只有那些能够留住与承载用户情感的内容才是成功的。在这个基础上加上电商元素，就有可能引发更大、更火热的抢购风潮。

直播内容并不只是用文字等形式堆砌起来就完事了，而是需要用内容拼凑成一篇带有画面感的故事，让用户能边看边想象出与生活息息相关的场景，才能更好地勾起用户继续往下看的兴趣。简单点说就是把产品的功能用内容体现出来，不是告诉用户这是什么，而是要告诉用户这个东西是用来干什么的。

（4）对事件进行加工提高知名度

直播中采用事件营销，就是通过对具有新闻价值的事件进行渲染和加工，让这一事件带有宣传特色的模式得以继续传播，从而达到实际的广告效果。事件营销能够有效地提高主播或产品的知名度，优质的内容甚至能够直接帮助主播树立起良好的形象，从而进一步促成产品的销售。

（5）有内容质量的同时发挥创意

创意不但是直播运营发展的重要动力，同时也是必不可少的内容元素。主播如果想通过直播来打造自己或品牌的知名度，就需要懂得"创意是王道"的重要性，在注重内容质量的基础上更要发挥创意。

一个具有创意的内容能够帮助主播吸引更多的用户，创意可以表现在很多方面，新鲜有趣只是其中的一个方面。除此之外，创意还可以表现在贴近生活、关注社会热点话题、引发思考、蕴含生活哲理、包含科技知识和人文情怀等多个方面。

（6）直播的内容要有真实感

优质内容的定义也可以说是能带给用户真实感的直播内容，真实感听起来很容易，但透过网络这个平台表现，似乎就不那么简单了。首先，主播要明确的是，直播内容是不是用户想要看到的，是否真正抓住了用户的要点和痛点，这是一个相当重要的问题。

例如，用户群体大多是喜欢美妆和服装搭配的，但是，主播在直播时，却邀请了游戏界的顶级玩家主播讲了一些关于游戏的内容，那么，就算主播讲得很生动、内容很精彩，用户也没有兴趣观看。

那如何让直播的内容有真实感呢？具体来说，主播可以在直播间内适当地向用户表现出真性情的人设，在介绍产品时，语言尽量通俗易懂。

例如，淘宝某主播十分受用户欢迎，因为她很真实，也很接地气，她推荐的东西大多比较平价，每次介绍产品时，不会使用很夸张的语言，更多的是在镜头前仔细地给用户展示服装的效果，让用户看到产品的细节，如图5-5所示。

从案例中可以看出，这个商家走的是做真实内容的营销之路，同时也取得了良好的营销成绩。她成功的原因在于：首先，她明确了传播点，这个传播点就是收入一般的年轻群体，所以她卖的产品价格偏低；其次，她在直播中的行为、语言都是真实的，这让她取得了用户的信任；最后，她成功抓住了用户的需求，在产品符合需求的情况下，用户下单的可能性会很大。

图5-5 某主播的直播间

（7）无边界内容能够出其不意

"无边界内容"的直播营销，就是让用户在直播中，完全看不到任何与产品相关的内容，但是其直播所表达出来的概念和主题却会给用户留下深刻的印象，让用户在接受直播概念和主题的过程中推动着它们迅速扩展，最终促成产品的营销。

在传统的广告推广中，无边界内容就有很多经典、成功的案例。"无边界"内容指的是有大胆创意的、不拘一格的营销方式。如今，随着直播营销竞争的加剧，主播或运营者在进行直播内容创新时，可以考虑多创造一些"无边界"的内容，吸引人们的注意力。

例如，在淘宝直播中有一家专门卖化妆产品的商家就十分有创意。该商家的直播内容以《春风十里　不如有你》为题，这让人一开始很难想到这家店铺是为了卖化妆产品而做的直播。

很多人都以为这是一个日常的直播，没想到后来竟弹出了相关产品的购买链接，而且直播中还讲了一个"对化妆品专一，对你也专一"的故事，如果用户不看到产品链接，根本无法联想到是化妆品产品的营销。这种无边界的直播内容更易被用户接受，而且会潜移默化地激发他们的购买欲望。

（8）用增值的内容满足用户需求

优秀的主播在直播时并不是光谈产品，要让用户心甘情愿地购买，就应该提供符合用户需求的增值内容。这样一来，用户不仅获得了产品，还收获了与产品相关的知识或者技能，自然是一举两得。那么，提供增值内容应该从哪几点入手呢？大致分为3个点。

① 用户共享，获取好感。在如今这个信息技术发达的时代，共享已经成为信息和内容的主要存在形式，可以说，几乎没有什么信息是以独立而不共享的形式存在的，共享已经成为存在于社会中的人交流的本质需求。

信息共享是表现在多方面的，如信息、空间和回忆等，当它们综合表现在某一领域时，可能是糅合在一起的。

一般来说，当人们取得了某一成就，或是拥有了某一特别技能的时候，总是想要有人能分享他的成功或喜悦，因而，共享也成为人的心理需求的一部分。而直播就是把这一需求以更广泛、更直接的方式展现出来。例如，主播直播时，与用户分享自己别样的记忆或是一些难忘的往事等。

当其与营销结合在一起时，只要能很好地把产品或品牌融合进去，用户自然会被主播吸引，营销也就成功了。可见，在直播中为用户提供产品增值内容，可以很好地提升用户对产品或品牌的好感，更好地实现营销目标。

② 陪伴共鸣，增强黏性。直播不仅是一种信息传播媒介和新的营销方式，还是一种实时互动的社交方式，这可以从其对用户的影响全面地表现出来。人们在观看直播时，就好像在和人进行面对面的交流，这就使得用户感受到陪伴的温暖和共鸣，让用户忘掉独处的孤独感，让用户有存在感和价值感，这样，就能更有效地引起用户的关注，增加用户的黏性。

③ 边播边做，传授知识。典型的增值内容就是边播边做，通过知识和技能的传授，让用户获得新知识。天猫直播、淘宝直播和聚美直播在这方面就做得很好。一些利用直播进行销售的商家纷纷推出产品的相关教程，给用户带来更多软需的产品增值内容。

例如，淘宝直播中的一些美妆销售直播，一改过去长篇大论介绍化妆品的老旧方式，转而直接在镜头前展示化妆过程，边化妆边介绍美妆产品。

在主播化妆的同时，用户可以通过弹幕向其咨询化妆的相关疑问，比如"油性皮肤适合什么护肤产品？""皮肤黑也能用这款BB霜吗？""这款口红适合什么肤色"等问题，主播可以耐心地向用户解答，还可以适当地对用户的问题做出延伸，展现自己的专业性。

其实，不仅是化妆产品如此，其他方面的电商产品直播营销也可照此类进行。在直播时，主播可以就直播主题内容中的一些细节问题、和产品相关问题进行问答式介绍。这样的做法，相较于直白的陈述，明显能让用户更好地、有针对性地记住产品。

这样的话，用户不仅仅通过直播得到了产品的相关信息，还学到了护肤和美妆的窍门，对自己的皮肤也有了比较系统的了解。用户得到优质的增值内容，自然就会忍不住想要购买产品，而主播的直播营销的目的也达到了。

5.2.4 直播推广要多平台进行

随着互联网营销的不断发展，各种有助于营销的工具和软件以及平台应运而生。学会将直播推广出去，也是直播运营中不可或缺的一环。当然，即使主播介绍得再好，内容再优质，如果没有恰当的推广方法，也无法达到较好的营销效果。本小节将介绍在直播中推广的方法和诀窍。

（1）利用社交网络自由推广

对直播进行推广预热是十分有必要的，只有这样，才能保证有一定的流量。例如，在微博平台，用户只需要用很短的文字就能反映自己的心情或者发布信息，这样便捷、快速的信息分享方式使得大多数主播、商家和直播平台开始采用，利用微博"微营销"开启网络营销市场的新天地。

在微博上引流，主要是向用户展示产品的相关产信息，并在微博内容中提及直播。从而增强产品的宣传力度和知名度。例如，各大直播平台都开通了自己的微博账号，而主播、明星或名人在自己的微博里分享自己的直播链接，借此吸引更多用户，都是利用微博引流的行为。

微信与微博不同，微博是广布式，而微信是投递式的营销方式。相比之下，微信的引流效果更加精准。因此，微信运营者可以利用朋友圈的强大社交属性为自己的微信公众平台吸粉引流。因为与陌生人相比，微信好友的转化率更高。

这种推广方法适用于刚刚入门的主播，因为亲朋好友会更愿意帮助其推广，当直播推广到一定程度之后，便能吸引更多新用户的注意，获得更多用户的关注，从而获得更多流量。

（2）自有平台和自媒体推广

现在一般的主播都会拥有自己的平台，因此主播在做直播营销时，可以利用自有平台来推广自己的品牌。例如，某手机品牌会在自己的官方网站推送直播消息，京东会在京东商城推送京东直播的消息等。

品牌用官网进行直播推广能获得更大的浏览量，用户可以通过官网第一时间了解产品的直播动态。利用自有平台推广直播，更能培养用户的忠诚度。

此外，自媒体推广也是利用口碑推广的一种绝佳方法。例如，某品牌的很多直播都是其品牌的CEO主持的，这样能吸引更多用户。

（3）论坛推广的内容丰富

论坛是为用户提供发帖回帖的平台，它属于互联网上的一种电子信息服务系统。在传统的互联网营销中，论坛社区始终是较为重要的一个宣传推广平台。一般情况下，早期的目标用户都是从论坛社区中找到的，再通过发掘、转化，提高用户的转化率，逐步打造品牌。

在论坛中进行直播推广，最重要的就是找准热门论坛，然后投放直播信息。比如，搜狐社区、天涯社区、新浪论坛、百度贴吧和博客等，都是当下热门的论坛代表。

在论坛中，投放直播信息的步骤分为：首先，收集相关论坛；其次，在收集的论坛里注册账号；然后，撰写多篇包含直播推广内容的软文，保存好；最后，每天在这些热门论坛有选择性地发帖，做好相关记录，如果帖子沉了，就用"马甲"号顶上。

值得注意的是，如果想要让用户关注帖子内容，并注意到所推广的直播信息，就要多在论坛中与用户互动。在与用户互动之后，论坛中关于直播的内容就会渐渐进入用户的视野，相应的直播也就得到了推广。

（4）提取关键字的软文推广

软文推广主要是针对一些拥有较高文化水平和欣赏能力的用户，对于他们而言，文字所承载的深刻文化内涵是很重要的。所以，软文推广对于各大营销行业来说都很实用。在直播营销中，软文推广更是不可或缺的一种推广方式。随着硬广告渐渐退出历史舞台，软文推广的势头开始上涨，以后还会慢慢占据主导地位。那么在软文直播推广中，我们应该怎么做呢？下面将介绍两种技巧。

① 原创软文+关键词。软文直播推广少不了原创，只有原创的内容才能吸引人们的兴趣。除此之外，在直播营销推广中，关键词的选取也是软文写作的

核心。当然，如何选取关键词也有相关的标准，例如，关键词的内容是否具有实用价值、争议性以及独特见解。

② 热门网站+总结经验。当运营者有了优秀的软文推广内容后，就该找准平台发布软文来推广直播的信息了，这时，一些人气高的网站往往就是软文发布的好去处，在发布之后，运营者还可以在网站上与他人交换经验，增强自己的曝光度，让自己发布的直播信息能被更多人看到。

目前网上已经有了一些专业的软文发布平台，运营者还可以将软文推广发布在博客论坛等平台。当然，在网站上发布软文直播推广也有不少注意事项，如图5-6所示。

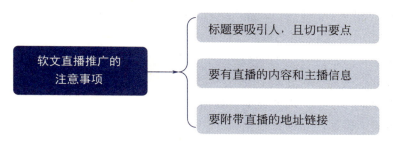

图5-6 软文直播推广的注意事项

发完与直播信息相关的软文之后，运营者还需要总结经验。比如，分析用户喜欢哪一类软文、为什么有的软文没有达到预期的推广效果和软文发布到哪个平台反响比较好等问题。通过总结经验，运营者可以不断生产出更吸引人的软文内容，找到更有效的推广方式。

（5）跨越平台进行联盟推广

对于直播运营来说，没有用户就没有影响力，因此，吸引用户、提高人气是直播运营的生存之本。在进行直播内容传播时，运营者切不可只依赖单一的平台，在互联网中讲究的是"泛娱乐"战略，直播平台可以以内容定位为核心，将内容向游戏、文学、音乐和影视等互联网产业延伸。

在"泛娱乐"战略下，直播运营者可以将自己创作的优质内容实现跨新媒体平台和行业领域来传播，使内容延伸到更加广泛的领域，吸引更多的用户来关注。

（6）地推+直播的效果更好

地推主要是利用实际生活中的地推活动让直播获得更大的流量和曝光度，

进而达到推广效果的一种推广方式。因为宣传的影响范围比较窄，所以效果往往很有限。但是，如果在做活动的同时进行直播，就会有更多的人从网上了解这个活动，尽管他们可能没有来到现场，却还是通过直播知道了这件事情，这让品牌在无形之中得到了推广。

地推是一种传统的推广方法，地推与直播相结合是不可阻挡的趋势，两者相结合在一定程度上是可以发挥出营销效果的。

（7）以借势造势扩大影响

借势推广是抓住热点的一种推广方法，热点的传播速度就如同病毒蔓延一般，让人猝不及防。直播想要获得更多的浏览量，就需要借助热点事件的影响力。

此外，"借势+手机通知栏推广"模式也是一种较好的直播推广方法，值得各主播借鉴和应用。除了借势推广，造势推广也是主播需要学会的推广技巧，造势的意思就是如果没有热点事件可以借势，就自己创造热点事件，引起用户注意。

造势推广需要一个过程，首先直播运营者在直播开始前就应该营造气氛，让用户知道这件事情，以便直播开始时有一定量的用户关注；其次是主题的确定，主播应该根据产品的特色来设计；最后是通过透露消息来吸引用户，使用户对直播内容有所期待。

直播造势推广的方法多种多样，最典型的就是众多大主播常用的利用自身品牌、代言人等。因为其本身的存在就是一种势，在直播开始时，只要有意营造氛围，直播自然就会夺人眼球。

5.2.5 策划脚本，做好直播准备

如果想让直播带货顺利进行，提高带货效果，就很有必要策划直播脚本。因为在正式开始直播之前，主播或运营者需要策划直播的脚本，做好各方面的策划。为什么要策划脚本呢？具体来说，有3个目的，如图5-7所示。

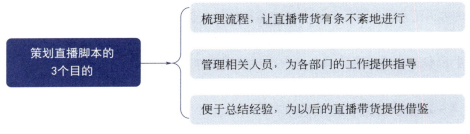

图5-7　策划直播脚本的3个目的

了解了策划脚本的 3 个目的之后，再来看一下策划直播带货脚本的意义和作用，具体如图 5-8 所示。

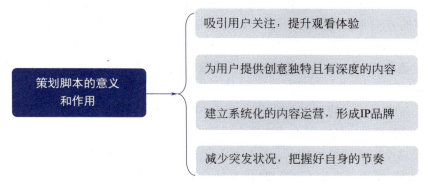

图 5-8　策划脚本的意义和作用

由此可见，策划直播脚本，提前做好直播准备非常重要，那么要如何策划脚本呢？具体来说，直播脚本一般包含 9 个方面，即目标、类型、简介、人员安排、时间、主题、流程细节、推广分享和总结。它们的详细内容如下。

① 目标。要明确达到的目标是什么，这个目标要尽可能量化，只有这样才会有方向和动力。比如，观看人数、转化率和成交额等。

② 类型。确定直播的类型，这个可以根据自己的爱好或者特长来选择适合自己的分类。类型的确定实际上就是锁定目标用户群体，更好地形成自己的风格和特色。

③ 简介。简介就是对核心内容的提炼和概括，能让用户一眼就能了解直播的大概内容。

④ 人员安排。直播带货包含的环节比较多，一个人要完成一场直播是比较困难的。所以，这时候就需要组建专门的运营团队，安排人员来协助完成各项工作，这样才能把直播效果做得更好。

⑤ 时间。确定时间是直播脚本的一个重要组成部分。直播的时间选择，需要根据相关人员的时间安排来定。只有在相关人员时间充足的情况下，才能保证直播的顺利进行。

另外，直播时间还需要迎合粉丝群体的生活习惯和需求。例如，周一至周五，这段时间绝大部分人白天都在工作或者读书，所以直播最好选择在晚上进行；星期六或星期天的下午或者晚上都可以直播。合理的直播时间能够增加观看人数。

确定时间之后一定要严格执行，尽量使时间段固定下来，这样能够将策划好的脚本内容落到实处，提高工作的效率。

⑥ 主题。主题本质上就是告诉用户做直播的目的是什么，明确主题能够保证内容的方向不会跑偏。主题可以从不同角度来确定，比如产品的效果展示、功能特色、优惠福利或者方法技巧教程等，需要注意的是主题要足够清晰。

⑦ 流程细节。流程细节就是指直播带货过程中的所有步骤环节，都有对应的细节和时间节点可以把控。

⑧ 推广分享。直播的推广分享是必不可少的。通过推广分享，可以吸引更多用户观看直播，从而有效地提高直播的热度。

⑨ 总结。直播结束之后，主播和运营者要对整个过程进行回顾，并总结经验和教训，发现其中存在的问题和不足，对于一些好的方法和措施要保留和继承，以此来不断地完善和改进自己的工作。

5.3 销售心得：产品销售的万能公式

主播在直播当中承担着销售员的角色，目的是把产品销售给用户，而要达成目标，就要掌握一定的销售技巧。本节将介绍直播中产品销售的万能公式，以供主播参考。

5.3.1 主播转变形象加快吸引用户

直播带货是主播通过屏幕和用户交流、沟通并向用户推荐产品的一种销售方式，主播必须依托直播来让用户产生购买行为。因为这种卖家和买家的关系，使得主播和用户之间的关系在一定程度上比较特殊，所以，电商主播会更加注重建立和培养他们与用户之间的亲密感。

只有在整个直播带货过程中，形成强烈的亲密感，主播才有机会和用户建立起信任桥梁，从而让用户放心地购买产品。因此，在环境的需求下，主播的形象也在发生转变，以便更好地进行直播带货工作。

（1）主播不再冷冰冰，而是邻家的好朋友

用户是有一定需求才进入直播间观看自己直播的，大部分用户都不希望看到一个态度冷冰冰的主播在向自己推荐产品。对于用户来说，第一印象对他们的购物欲望常常有着决定性的影响。

主播必须意识到，用户的感知能力非常强烈，如果自己直播的态度不够友好，这些用户会因为对主播的第一印象不好而退出直播间。

现在，高冷的主播形象已经很少在电商直播中出现，主播都希望自己的形象可以更加符合用户的喜好。

所以，在直播中，一些主播会通过和用户实时的信息沟通，及时地根据用户的要求进行产品展示，或者回答用户提出的有关问题、实时指导用户进行操作。图5-9所示为主播在直播过程中，在镜头前与用户实时沟通、互动的情景。

图5-9　主播在镜头前与用户沟通、互动

纵观大部分的直播过程，我们可以发现，主播大多以一种朋友的口吻来向用户推荐产品。用户往往可以看到主播耐心指导或者搞怪、卖萌以及吐槽的一面，而这种生活化的行为举止，往往能引起用户在情感上的共鸣，更能拉近双方之间的距离。一旦主播与用户的距离被拉近，主播向用户推荐产品时，便很容易说服用户。

（2）了解主播新趋势，协助直播开展工作

人是有防备心理的，用户只能在视频里看到主播，双方难免会存在距离感。但是，由于直播带货所带来的社交关系正在普遍化，主播与用户之间建立信任也不难。

现在，用户对于主播的防备心理正在不断地降低，越来越多的主播被用户当成他们的朋友或者说私人的购物助手。这种现象的形成使得主播这一职业发生了不同程度的变化，并基本呈现以下3种趋势。

① 颜值不是唯一。在一般人的印象中，主播的外在形象必须非常漂亮或帅气才好。的确，高颜值的主播更加容易吸引用户的注意力，获得用户的好感。而且，直播带货作为一种主播在线上向用户推销产品的销售方式，商家无疑需要主播的形象更加靓丽、青春，这样有利于展现产品的形象，从而促进销售。

同时，在一些主播的招聘条件上，商家也希望来应聘主播的人外在形象佳，这样能吸引更多用户停留在直播间。

但是，随着美颜软件的发展，用户已经出现了审美疲劳的趋势，颜值已经不再是唯一能吸引用户的优势。相比于高颜值的外表，越来越多的人开始希望遇到一个性格有趣的主播，主播外在形象不再以颜值为唯一标准，有个性、有特色的主播同样能吸引大量用户的关注。

② 充分和用户互动。随着直播带货行业的发展，机构和主播都越来越注重和用户的互动情况，及时接收用户信息、回答用户的问题，偶尔和用户在直播间里聊聊天，已经成为每一个主播的日常行为。

因此，主播想要更好地拉近和用户之间的距离，就需要在直播过程中和用户充分进行互动，让用户感到被关注、被重视，从而增加其与自己的黏性。

主播可以通过在直播过程中分享热点话题，让用户得到同感，或者在用户群里和用户聊天，这些都是一种有效的互动方式，有利于帮助主播和用户之间形成稳定的社交关系，提升双方的亲密度。

③ 表现具有亲和力。直播行业的第三个趋势就是需要主播培养自己的亲和力。这种亲和力，可以在主播的言行举止中展现出来。例如，自信的笑容、随和的肢体语言等。

亲和力对于电商直播来说尤为重要，它可以无形间拉近和用户的距离，使他们自发地去亲近主播。打造主播的亲和力，有利于主播和用户形成稳定的信任关系，提高直播间的产品销售额。

当主播的形象变得更加亲切、平易近人后，用户对于主播的信任和依赖会

逐渐加深，也会开始寻求主播的帮助，借助主播所拥有、了解的产品信息和资讯，购买到更加合适自己的产品。

5.3.2 用卖货技巧让销量暴涨

直播带货行业发展越来越迅速，以淘宝直播平台为例，平台上每天都有不少的直播间处于开播状态，每天都有新的主播加入到直播行业。所以，当用户想要购买一件产品时，会有很多选择。

同时，直播带货是一种说服用户参与购买产品的模式，而主播要想让用户愿意观看自己的直播，并愿意花钱购买产品，成为忠实粉丝，都不是一件简单的事情。

所以，主播必须要掌握一定的销售技巧，这在一定程度上不仅能帮助主播留住用户，更能提升主播的销售额。本小节主要介绍直播间的一些万能销售技巧，从而帮助主播可以更好地在直播带货行业里发展。

（1）给用户"讲故事"，让用户感同身受

现在的直播带货行业难免有恶性竞争的情况，为了更好地吸引用户的流量，使用户下单购买产品，商家和主播都开始通过降低产品价格来争抢用户。一旦用户的选择过多，他们对产品的要求便提高了，用户在购买产品时，便会有很多疑虑。

面对用户的提问，主播可以通过"讲故事"来解决，在讲故事的过程中，让用户感同身受，并潜移默化地打动用户的心。

主播应该如何讲故事呢？首先，主播可以从自己的亲身经历入手，以一个吸引人的开头做铺垫，然后引入问题，把问题和用户联系起来，再发表自己的想法。

例如，在直播过程中，主播可以通过讲故事来阻止用户的压价行为。主播可以告知用户，虽然降低价格可以用低价买到产品，但其实最后利益受损的还是用户。压价带来的后果就是商家需要节约成本，而想要达到节约的目的，只能从产品的材料上减少成本。这就表示用户之后再想购买同款产品，产品质量可能会有所下降。

（2）把故事"演出来"，引起用户共鸣

当主播把故事讲出来后，还需要再演出来，从而让用户产生共鸣。在直播过程中，主播要不断地向用户传递一个信息：我的直播间卖的产品虽然价位较高，但是质量好。一旦这种信息不断强化，就能够给用户树立一个理念，那就是这个主播直播间的产品都是值得购买的好产品。

需要注意的是，主播要想向用户传递自己的理念，不能每天都采取一种形式去强调自己产品的优势。而应该注意表达形式的丰富性，不仅要会讲故事，也要会演故事。

同时，主播在表达自己观点的时候，最好加上一些与日常生活贴近的有类比性的例子，只有这样才能让用户对事例产生共鸣，并认可主播的观点。

（3）不断强调你的人设，让用户对你信服

当主播树立起自己的人设后，需要不断地去强调，让用户对你产生信服。例如，主播可以通过直播间的语言表达以及肢体行为体现出自己的人设。通过这种方式，会使主播所传递的信息更加具有信服度，也会让用户感受到主播的真实。

（4）灌输个人价值观，让用户产生崇拜感

当主播通过向用户讲故事的方式表达自己的理念和观点时，可以灌输个人的价值观，让用户产生崇拜感。一个优秀的主播，可以控制整场直播的节奏，让用户跟随自己的节奏走。顶级主播会向用户灌输自己的价值观。主播通过一系列的价值观输送，可以让用户产生信任，完成下单，还有可能使用户成为自己的忠实粉丝。

5.4 "大咖"分析：借鉴热门主播常用技巧

直播带货的主播承担着销售的角色，作为一个直播产品销售，关键是要获得用户的流量，从而提升直播间内产品的转化率。

本节将介绍一些热门带货主播常用的带货技巧，并讲述他们是如何进行直播带货的，以供想要进行直播带货的读者参考。

5.4.1 激情直播，保持亢奋状态

直播销售主播实际上就是产品推销员，作为一个直播产品推销员，就要通过获得直播的流量提高直播间产品的转化率。

如果不能提高转化率，就算主播夜以继日地开播，也很难得到满意的结果。主播的情绪对于转化率是非常重要的。主播要明白，直播销售决定了它不是一个娱乐性质的工作，只有可以带货的主播才是这个行业需要的主播。

要想成为大主播，就先得让自己成为一个优秀的推销员，在给用户讲解产品的时候，要学会声情并茂，全程保持亢奋，而不是态度冷淡、面无表情。要明白，主播的情绪会影响产品转化率，没有好情绪，就不会有好的转化率。

所以，在直播时，主播需要时刻展现出积极向上的状态，让自己尽可能地保持亢奋的情绪，这样可以感染每一个进入直播间的用户，同时，也有利于树立起主播的积极形象。

如果主播自己的状态低沉，情绪不佳，就很难吸引正在观看直播的用户购买产品，反而会使得这些用户退出直播间。

另外，主播可以根据用户类型的不同来进行情绪管理。了解那些进入直播间的用户属于哪种类型，学会根据不同的用户类型，有针对性地进行沟通和互动，这样可以更加有效地得到想要的效果。如图5-10所示为进入直播间的用户类型。

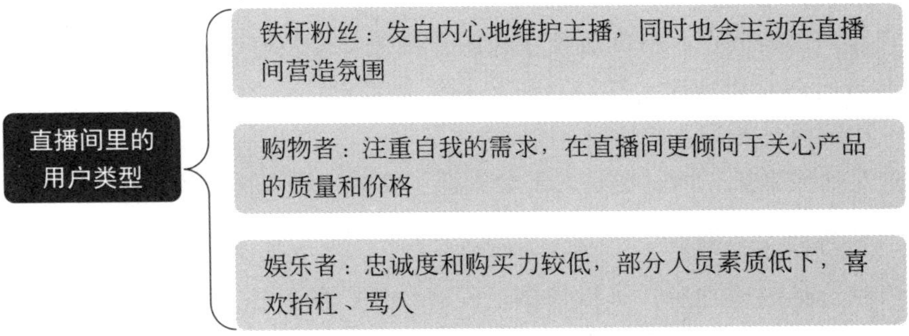

```
                    ┌─ 铁杆粉丝：发自内心地维护主播，同时也会主动在直播
                    │           间营造氛围
直播间里的 ─────────┼─ 购物者：注重自我的需求，在直播间更倾向于关心产品
用户类型            │           的质量和价格
                    └─ 娱乐者：忠诚度和购买力较低，部分人员素质低下，喜
                                欢抬杠、骂人
```

图5-10　直播间里的用户类型

在面对自己的铁杆粉丝时，主播的情绪管理可以不用太严格，适当地和他们表达烦恼，宣泄一点压力反而能更好地拉近和他们的距离。

购物者类型的用户，一般是以自我需求为出发点，只关心产品和价格，很少会看重主播的人设或其他。面对这种用户类型时，主播需要展现出积极主动

的情绪，解决他们的疑惑，同时要诚恳地介绍产品。

而主播在面对娱乐者类型的用户时，可能会出现部分素质较低的用户，他们可能以宣泄自己的负面情绪为主，会在直播间和主播抬杠，并以此为乐。这时，主播如果进行情绪管理，对他们表示忍让是没有意义的，可以在向其他用户表示歉意后，请场控帮忙处理。

5.4.2 饥饿营销制造紧迫感

我们常常能看到一些主播在快手、抖音以及淘宝等平台运用饥饿营销的方式进行直播，但在实际的操作过程中，并不是每一位主播都能达到理想的效果。面对这种情况，将从两个方面由浅至深地向大家详细介绍这种方式的使用技巧。

（1）制造稀缺感

饥饿营销的第一步就是利用人的稀缺心理制造稀缺感。往往供应量少的产品，吸引力就更大，这就是为什么限量的产品销量往往比较好的原因。

在直播营销中，主播应该怎么做，才能体现出这种稀缺感呢？下面做出一种假设。

当一件产品的库存为500件，观看直播的人数为1000人时，A主播宣布秒杀时间为10分钟，并告诉用户库存为500件；B主播同样给用户10分钟时间进行秒杀，但告诉用户只有100件库存。

在相同的时间里，试问哪位主播的营销效果会更好呢？答案肯定是B主播。当产品进行限量供应时，往往可以提高消费者对产品的价值感知，让消费者有一种"买到就是赚到"的感觉。

这是比较常见，同时也是大部分人都了解的一种饥饿营销方法。

（2）先充足再稀缺

当制造稀缺感之后，饥饿营销还没有结束。我们作为电商，在营销时应该知道，当产品由充足变得稀缺的时候，会给消费者一直稀缺的感觉，此时，用户的购物欲望会更强烈。在此，依旧做一个假设：

当一件产品的库存为500件，观看直播的人数为1000人时，A主播宣布秒杀时间为10分钟，并告诉用户只有100件库存，在这种情况下，用户的状态是一直都很紧张的。而B主播先告知产品的库存为500件，当放上购买链接之后，突然告诉用户，库存只剩下不到100件了。此时，还在犹豫和观望的用户的购买欲就会马上被激发出来，并迅速做出购买决策。

由此可见，和一直稀缺的产品相比，先充足再稀缺会更具有吸引力，这种营销方式也会使产品价值变得更高。

当然，不管是用哪种营销方式，产品的性价比是第一位。以上两种饥饿营销的方式因情况的不同，营销的效果也会不同。需要注意的是，主播与企业在运用饥饿营销时，需要根据自己的实际情况灵活运用，才能找到最适合自己直播间的方式，而不能生搬硬套。

5.4.3 直播复盘分析不足之处

直播结束之后，一定要进行直播复盘。主播可以在结束直播后，再回放一遍自己的直播，分析其中的不足之处。

一些直播"大咖"之所以能在直播行业中达到现在的高度，原因就在于他们不断地积累经验，不断改进，才形成了独有的风格。

那么，主播要如何进行直播复盘呢？下面将为大家介绍具体步骤，以便直播带货的主播参考。

① 第一步：确定数据分析目标。

进行数据分析，可以帮助主播找到直播间数据发生波动的原因，目的是发现直播的不足，并制作出直播间的数据模型，从而及时调整直播带货的措施。

除此之外，直播间的数据流量变化还可以帮助主播分析出直播中高流量产生的原因，从而帮助主播实现带货能力的突破。

② 第二步：直播复盘经验总结。

每个主播的带货产品都有差异，直播间的风格也有不同，主播进行直播复盘，有利于发现适合自身的直播方式，也有利于理解用户的感受。同时，进行复盘还有利于主播总结直播中的错误，并对下一次直播进行优化。

通过直播复盘，主播可以不断积累直播的经验，提高直播带货能力。

售后篇

第6章
售前引导：建好第一印象

> 主播在进行直播时，难免会无法顾及所有用户的感受，也无法回答全部用户的疑问，这时，部分用户便会寻求客服的帮助。本章将向大家分析常见的用户心理及相关的应对技巧，同时，对客服所必备的素质以及介绍产品的技巧进行解读。

分析心理：知道用户心中所想

用户在沟通时的表达，实际上是心中所想的一种反映。如果客服能够分析用户的心理，揣摩出用户心中所想，那么，沟通将变得简单、高效。

本节将分别对用户的常见心理以及应对用户心理的技巧进行解读，以期给客服提供一定的借鉴。

6.1.1 掌握常见心理分析用户

用户在购物过程中通常会呈现出一些心理变化,如果客服仔细观察的话,就可以从用户的表达中对其心理做出具体分析。本小节将对常见的7种用户心理分别进行解读,并分析出相应的解决办法。

(1)从众心理

从众心理,即个人受到外界的影响时,认为外界的行为就是适应当时情景的选择,为了保持与绝大部分人行为的一致性,会参照周围人的行为调整自身行为。简单来说就是一种"随大流"的心理。

多数用户在观看直播时,看到心仪产品,可能会咨询客服产品的销量,或者在评论区与其他用户互动,判断该产品是否值得购买,这是从众心理的一种表现,而影响这种从众心理的因素有两个,如图6-1所示。

图6-1 影响从众心理的因素

从众心理对人的决定有一定影响,甚至直接引导用户做出错误的决定。但是,对于客服来说,把握好用户的从众心理,能起到事半功倍的妙用。客服可以抓住影响从众心理的两个因素,从以下两点展开。

① 利用名人效应。许多用户在潜意识里会认为名人用的东西都比较好,所以,当看到某名人也在用某一产品时,用户通常会认为该产品更值得信赖。尤其是当用户对名人有好感,而该名人又是产品的使用者时,很容易爱屋及乌,从情感上有意识地给产品加分,甚至看到产品中名人的信息之后果断出手下单。

由此可见,在与用户沟通的过程中,客服可以通过告知名人是产品的代言人、名人也是产品的受众以及产品是名人同款等方式,引导用户完成下单。

② 高好评率引导。除了名人与产品的关联性之外,许多用户在购物之前都会将其他产品使用者或购买者的评价作为评估产品好坏的重要依据。

通常来说,用户在直播间中购买产品,都会对比不同店铺的同款产品,好评率较高的,用户往往更容易放心购买。

因此，当商品好评率较高时，客服可以亮出具体的数值，并将之与同类产品做比较，让用户从心理上认为该产品不仅是同类产品中销量较高的，更是口碑较好的。

（2）占小便宜心理

贪婪心理主要体现在部分用户在沟通过程中，已经得到了一定的优惠，但是却没有因此下定购物的决心，而是想着如何获取更大的优惠。这些用户对产品价格比较看重，对于这种心理的用户，客服可以使用以下两种解决方案。

① 适当满足用户心理。直播间的用户大部分都追求价格便宜的产品，所以，针对这一点，客服在一定程度上可以满足这些用户的心理需求。

当然，客服在适当满足用户需求的同时，也要维护好自己与商家的利益。直播间的产品价格大多数都比较优惠，客服不能在价格上作出太大的让步。

如果在已经作出了一些让步的状态下，用户仍要求继续让价，客服可以委婉告知给出的已经是最大的优惠，从而避免用户继续纠缠价格。

② 强调产品物超所值。客服可以通过一定的语言表达技巧，让用户看到产品是物超所值的，通过这种方式可以有效地满足用户占小便宜的心理。

例如，客服可以通过产品工艺与产品性能的讲解，让用户看到产品的成本与价值含量，再分析其与市场同款产品相比的优势，通过价格上的比较，让用户意识到"当前"给出的价格远低于其他店铺。

（3）焦躁心理

焦躁心理是两方面的综合反映，一方面是时间紧迫，用户急于要完成某一件事，另一方面是这件事还未完成，所以用户会为此感到不安，甚至是心烦意乱。在事情比较紧急的情况下，用户有焦躁心理可以理解。

当然，在沟通的过程中，客服还需要做好自身的工作。人在焦躁的情况下很容易忽视细节问题，所以为了避免出现意外情况，客服在面对焦躁型用户时一定要先安抚其情绪，问清用户遇到的问题，寻找解决办法，充分发挥引导作用。应对用户的焦躁心理，客服需要做好以下两点。

① 占据主动权。如果用户被焦躁心理占据，那么，他们可能会没有耐心讨论问题的细节，更希望的是问题能被快速解决。这时，作为客服，要清楚了解用户的问题之后，才能有的放矢，找到解决问题的最佳切入点。

因此，即便用户是服务对象，客服也不能被急躁的用户牵着走。而应该冷静地面对，主动把握交流的节奏，想办法缓和用户情绪，并通过交流尽可能全面地获得问题的相关信息。

② 积极解决问题。在把控好沟通的节奏之后，客服还需要在获取用户问题的基础上，对具体问题进行具体分析，并寻找相应的对策，解除用户的后顾之忧。否则，用户的情绪有再次爆发的可能。

（4）泄愤心理

泄愤，顾名思义，就是发泄心中的愤怒。用户之所以会在与客服的交流过程中泄愤，很有可能是受到了自身情绪的影响，也可能是因为客服在某方面的服务出了一些问题。

所以，在实际操作时，客服可以在了解用户愤怒的原因之后，采取合适的方式疏导。

① 适当示弱。面对愤怒的用户，客服可以在开始时适当示弱，让用户的心情慢慢平复下来，然后探寻其愤怒的原因，并找到与之对应的解决方案，帮用户解决实际问题。这样不仅可以对用户的情绪起到正面的引导作用，还能在服务过程中凸显客服负责任的态度。

需要注意的是，适当示弱并不适用于所有的场景中。例如在价格谈判时，客服需要维护店铺的利益，面对压价而不肯让步的用户，在产品价格已经是最低的情况下，一定要守好价格底线。

② 避免争吵。当用户怀着泄愤心理向客服发泄不满时，如果客服不懂得避让，而是想着"据理力争"的话，很可能会让用户的情绪更加难以控制。

所以，即便自身没有什么过错，客服也应该将责任揽在自己这一方，这在避免与用户争吵的同时，还可以在用户心中塑造出敢于承担的人设，让用户对自己多一份信任感。

（5）虚荣心理

虚荣心理是由于人们过于看重荣耀，过分保护自己的自尊心而产生的一种情感。有虚荣心理的人的主要特点是想要在人群中突显自己。典型的表现是通过与其他人的比较，突出自己在某方面的优势。用户有虚荣心理体现在以下3个方面，如图6-2所示。

在工作过程中，客服通常会遇到两种虚荣型用户，一是要面子型，二是装专家型。下面就对这两种虚荣型用户的应对技巧分别进行解读。

① 应对要面子型用户。一部分用户在购买产品时，是因为周围的"高端人士"也在使用该产品，所以购买产品是为了融入"高端人士"的圈子，维护自己的自尊心。这类用户往往会将产品是否是"高端的正品"作为关注的重点。

图6-2　用户有虚荣心理的体现

对于要面子型用户，客服在与之交流时应以呵护其心理为基础，即便他们在交流中露出了马脚，也不宜当面指出其做得不对的地方，更不能像对峙一样与用户就某一问题进行争论。

要面子型用户往往比其他人群更注重自尊心的保护，如果客服指出了他们的问题，他们可能会觉得无地自容，甚至觉得受到了客服的羞辱导致冲突，这个后果是难以想象的。

② 应对装专家型用户。这一类型的用户可能对其购买的产品有一定的了解，但这种了解通常只停留在浅层。当然，有的用户之所以会装专家，可能并不是虚荣心理作怪，而是暗示客服自己对产品所在的领域有所了解，客服不能像对待小白一样随便找个由头就将自己给打发了。

对于装专家型用户，客服需要尽可能地维护用户自己塑造的高大形象。不宜直接拆台。

如果用户的某些错误实在无法绕过去的话，可以委婉提出建议或者给用户暗示，让用户有台阶可下，尽可能地呵护用户的虚荣心。这不仅可以避免拆穿用户带来的尴尬，更可以让用户的虚荣心得到满足。给用户一次愉快的购物体验，他们很可能下次会复购。

（6）逆反心理

逆反心理，即当一方就某事提出建议和看法时，另一方为了所谓的自尊或标新立异，采取相反的行为或动作的一种心理。

虽然观看直播的大多数用户心智比较成熟，能够控制自己的情绪，但是，仍有小部分用户在情绪不好的时候，可能会产生逆反心理。

此时，客服要做的不是不停地劝导，而是在顺从其心理的基础上，采取一定的举措，将用户的逆反心理消除，具体措施如下。

① 提供一个台阶。当用户出现逆反心理时，只有最不明智的客服才会与用户针锋相对，因为这样不仅会让交流难以获得预期的销售效果，还有可能让客服自身的情绪受到影响，这样对客服来说就得不偿失了。

所以，当遇到抱有逆反心理的用户时，客服需要做的不是与用户对着干，或对用户的反应不闻不问，而是应该在配合用户的基础上，为用户的情绪提供一个宣泄的渠道，让用户有台阶可以下。

② 调整用户情绪。当用户的情绪处于消极的逆反心理状态时，客服万不可忽略用户感受，而应该有引导性地调整用户情绪，让用户感受到自己被重视，用理解的心态和善意的话语与客户沟通，是消除逆反心理最有效方法。

所以，如果说提供台阶是让用户的逆反心理有地方可以宣泄，那么，采取合适的方式缓解氛围就是加速用户心理的转变，通过轻松的环境的营造，潜移默化地影响用户，让用户更好地调整自己的情绪。

（7）疑虑心理

疑虑心理，简单理解就是过分担忧。与在实体店购物的体验不同，通过观看直播购买产品时，用户不能亲自查看产品的情况。因此，大多数客户在与客服沟通时，都会出现疑虑心理。客服要消除用户的疑虑，需要做到两点。

① 对用户表示理解。用户对于将要进行的交易有所疑虑是很正常的一件事。尤其是第一次在直播间购物时，或者曾经在直播购物过程中吃过"亏"，都可能对于直播购物的疑虑会更多一些。

对于用户的疑虑，客服首先要做的是表示理解。作为用户的倾听者，对用户的疑虑表示理解，站在用户的角度思考问题，才能找到消除用户疑虑的方法。

② 消除用户疑虑。当用户因为心中的疑虑而咨询客服时，要让用户下单，消除其疑虑非常有必要。当然，有时用户的疑虑可能比较多，此时，客服还需要多一分耐心，针对疑虑，分别进行分析，并一一解答，给用户一个既专业又有耐心的印象。

6.1.2 掌握应对用户心理的技巧

用户在购物过程中的心理是多种多样的，一旦客服处理不好，沟通就容易不了了之。跟用户"聊"不起来是客服的大忌，要跟用户有个愉快的沟通过程，洞察用户心理，掌握应对技巧很有必要。本小节将介绍5个应对用户心理的技巧。

（1）打动用户，赢得好感

通常来说，用户第一次在直播间内购物时，对该直播间的客服是一无所知的，也正是因为这份陌生感，用户很可能会担心客服是在忽悠自己购物。在这种情况下，用户很难按照客服引导的方向走。这样一来，想要达到销售目标，就会非常困难。

人是一种情感动物，只要用户还能接收情感讯号，客服就可以与用户建立情感联系，打好感情牌。这样，用户会因为与客服慢慢熟识而逐步卸下防备心理，甚至把客服当成朋友。所以，客服要打动用户，赢得用户好感，需要做到以下两点：

① 啰嗦不是重视。有部分客服认为多说话就是重视用户的表现，其实不然。当你的话太密的时候，往往会让人反感。

直播带货是有技巧的，用户的耐心有限，客服只需要传递用户需要的信息，再加以引导即可。同时，用户也有表达的欲望，在用户表达自己的想法时，客服可以做一个倾听者，对用户的想法表示赞同，并在合适的时机把话题引到产品上，引导用户购物。

② 不要过度推销。当客服向用户推荐产品时，将自己推销产品的目的展露无遗，会很容易引起用户的反感。试想一下，当客服与用户还是陌生人时，客服毫无保留地显露自己兜售产品的目的，用户往往会敬而远之，甚至直接退出直播间。

当然，用户可能会因为受到价格优惠等原因的影响，完成产品的购买。但是，在此过程中，用户会明显感到你只是不停地引导消费，想要构建情感联系自然无从谈起。

（2）重视用户，给予尊重

当人与人沟通时，都希望对方足够的重视自己，或者尊重自己。同理，用户就相关问题向客服询问时，也有被重视的心理需求。

此时，如果客服能满足用户获得重视的心理需求，用户就会觉得客服给了自己足够的尊重。这样一来，用户就有可能对客服多一分好感，客服说的话也就更容易听得进去。具体来说，客服要让用户感受到被重视，需要做到以下两点。

① 注意自身言行。客服的言行是道德素质的体现。为了达到销售的目的，给予用户足够的重视是必须的。而在直播过程中，要做到这一点，客服还需要多多注意自己的言行，切不可因为不当的言行，让用户感到不被尊重，从而导

致与客服之间产生矛盾。

② 考虑用户需求。根据用户需求进行引导是重视用户的重要体现。然而，有的客服在与用户的交流过程中，只是想方设法地推销产品，未考虑用户的实际需求，这种做法很容易引起用户的反感。

此外，考虑用户需求不仅仅是对用户负责，也是对自己负责。客服直接接触用户，自然能了解用户群体的特征，对用户的需求也有一定的认知，这些认知对往后的选品将产生至关重要的影响。

（3）不要拒绝，迎合用户

除了自身有需求之外，许多用户之所以会选择购买产品，是因为该客服给他留下了较好的印象。所以，客服在解答用户疑问的过程中，需要尽可能地让用户心里感觉舒坦，留下好印象。

因此，即便用户提出的要求有些过分，客服也不应直接拒绝。当然，不直接拒绝不代表要一味顺从。对于一些不合理的要求，客服可以相对委婉地进行化解，并引导用户使自己占据主动权。具体来说，面对用户提出的不合理的要求，客服可以选择以下两个解决方案。

① 学会委婉地拒绝。作为一名客服，在回复时难免会遇到一些提出不合理要求的用户。但是如果直接拒绝，很可能会让用户觉得没有面子，这样一来，用户的心情势必会受到不好的影响，引导用户消费的难度也会大大增加。

对此，客服可以通过相对委婉的方式表达拒绝。例如，向用户表达真实的想法，让用户知道自己处于很为难的境地，放低姿态，引起用户的同理心。如果能感受到你的真诚，用户自然不会很为难你。

② 可以提供建议。委婉拒绝虽然表达了客服的态度，但用户却不一定能领会。部分用户需要的是解决某件事的方法，仅仅表达态度是不够的。对于这种情况，客服可以结合自身经验，给用户提供切实可行的建议。

（4）把握心理，对症下药

人的心理是复杂的，用户在与客服沟通的过程中，可能同时呈现出多种心理，也可能出现多种心理互相转变的情况。所以，客服要想与用户互动，活跃直播间的氛围，从而提高产品的成交率，就需要把握用户的具体心理变化，对症下药。

① 耐心面对用户的心理变化。当用户的心理变化比较复杂时，客服与用户互动的过程可能会变得比较漫长，这要求客服人员有足够的耐心，才能把握主

动权。

用户既然有在你的直播间观看直播的意愿，就说明是有一定购买需求的。在直播过程中，客服如果看到用户在评论中显示出不耐烦，就说明购物体验不太好。在这种情况下，哪怕用户观看直播的时间再久，也不会选择消费。

② 根据用户的心理对症下药。面对用户的复杂购物心理，客服一定要对症下药，制定相对应的沟通策略。当用户的心理多变时更应该如此。

每种心理应对的策略不同，但原理是相通的。用户呈现不同的心理变化，客服只有找到合适的策略，才能轻松应对。这有利于在沟通中增加用户满意度，同时提高自身的工作效率。

（5）保持互动，建立感情

感情是客服与用户保持联系的纽带，不善于跟用户交流感情，将很难得到用户的认可。只有与用户建立个人情感，才能让用户敞开心扉，有效地满足其心理需求。

同时，对于已经在直播间内有过一次购物体验的用户，如果客服能及时与其保持互动，建立个人感情，那么这些用户很有可能变成长期的意向用户，多次在店铺中购买产品。要与用户建立感情，可以从以下两点展开。

① 交流坦诚。客服要跟用户建立个人感情，就要做到在沟通中坦诚相待。在购物时，用户只能与客服在直播间内进行线上沟通，用户只能通过语言表达来获取客服的信息。因此，用户心中只能根据这些信息构建出客服形象。面对一个"不真实"的人，用户自然不会轻易袒露心声。

这时，作为一名客服，你需要向用户展现你的真实。在沟通过程中表露感情，就要做到坦诚交流，语言表达可以不用太过于完美，只需要接近现实，让用户感受到真实，他就会认为你是一个真诚、可靠的人。

② 下播后与用户互动。互动是跟用户建立个人感情的有效方式。直播间中，观看直播的用户非常多，但多数用户可能并没有太强烈的购买意向，他们只是对某个产品比较好奇，所以跟客服咨询一下，并没有下单购买产品。

对此，客服在下播后可以积极与用户进行互动，对用户表示感谢，并积极引导用户下次再观看直播。例如，客服可以询问用户在观看直播后是否有什么问题，或者可以用下一场直播的促销活动吸引用户。

6.2 端正态度：做好本职工作

作为客服，要端正态度，做好本职工作，给用户留下一个好印象。除此之外，客服还要掌握必要的沟通技巧，给用户提供优质的服务。这有利于拉近客服与用户之间的距离，帮助主播赢得好口碑。本节，将对客服的基本素质作出解析，并总结出一些必要的沟通技巧，以供读者参考。

6.2.1 客服必须具备基本素质

每个职业都有其必须具备的基本素质，在直播过程中，客服与主播一样，其表现在很大程度上决定了用户对产品的印象。因此，有礼貌、热情以及有责任感等，都是客服必须具备的基本素质。

除此之外，在直播带货行业竞争激烈、产品琳琅满目的今天，客服还要扮演好销售员的角色。这要求客服要有良好的服务意识，同时还要有良好的心理素质与高超的销售技巧。本小节，便对客服的基本素质作出解读。

（1）文明礼貌

礼貌是商业服务人员基本的职业道德之一。衡量客服工作是否合格的标准，主要是产品的销售额以及用户的满意度，因此，"礼貌待客"也是客服必须遵守的行为规范。

作为一名客服，要随时做到礼貌待客，给予用户尊重，给用户创造一个愉悦的购物氛围。具体来说，客服需要做到以下两点。

① 注意礼貌用语。使用礼貌用语与用户沟通，是对用户的基本尊重。与用户交流时，客服应以"您好"开头，经常把表示恭敬的习惯用语挂在嘴边，如"请""谢谢"，对用户的称呼，用"您"代替"你"。当用户对产品产生怀疑时，客服可以用委婉、含蓄的表达方式进行解释。遇到用户质疑时，客服需要放低姿态来回答用户的问题。

② 善用语气词。没有人会喜欢与语气冷漠、不耐烦的人沟通，因此，客服

的语言要有礼貌，有亲和力。同一句话用不同的语句表达，给人的感觉不同。因此，在与用户的交流中，客服可以多使用语气词，如"吗""噢""吧"等，给用户营造愉快的直播氛围。

（2）主动热情

大多数用户进入直播间观看直播的时间是非常短暂的，在观看直播时，部分用户可能会通过对客服的第一印象来评估售后服务的好坏，甚至上升到直播间内产品质量的好坏。在短时间内，客服能够被用户接纳，与用户建立起互相信任的关系有一定难度。

所以，客服一定要把握好每一次与用户沟通的机会，语言要充满热情，向用户展现自己热情的态度。具体来说，客服需要做到以下两点。

① 语言显示热情。用户在咨询问题时，主要通过客服的语言来判断该客服此时的服务态度。如果说肢体动作可以间接表达情意，那么语言则是直接表达情意的有效方式。所以，客服在回答用户的问题时，可以多用一些问候语。

例如，当有用户进入直播间观看直播，并咨询自己时，客服可以对用户表示欢迎。向用户推荐产品时，客服可以多征求用户的意见。这些都是显示热情与认同用户的表现。

② 积极主动显示热情。客服在配合主播做答疑工作时，不能处在被动的状态，而应该积极主动地介绍产品。积极主动是热情服务的一种表现，体现了客服的职业素养。只有从思想深处意识到用户的重要性，明白积极主动的重要性，才能向用户展现热情。因此，客服需要理顺主客关系，调整好心态，避免受到用户负面情绪的影响，把不良情绪带到工作中。

（3）有责任感

客服有为用户提供良好购物体验的责任，必须要有责任感，设身处地地站在用户的角度思考问题，这样才能感受到直播中自我存在的价值。

客服也是一个需要有奉献精神的职业，对于客服来说，付出远远大于回报是很正常的，如果没有责任感，就很难有坚持做好分内事情的动力，也就得不到用户的信赖和尊重。具体来说，客服要培养自己的责任感，就需要做到以下两点。

① 负责任。客服面对直播中出现的问题，要勇于承担责任。客服在工作中经常需要面对各种问题与失误，所作所为往往会被放大，面对用户的质疑，客服要勇于承担责任。

② 有耐心。有耐心的人，能够保持不急不躁、不厌烦的心态。主播在直播

过程中，客服可能会遇到各种各样的用户咨询关于产品的问题，所以，不管遇到的是有焦躁心理的用户，还是有泄愤心理、逆反心理的用户，客服都不要因为失去耐心而影响直播的质量。

面对用户负面情绪以及语言上的攻击时，客服必须要顶住压力，调整心态，耐心与用户沟通，不能表现出不耐烦。

（4）有良好的心理素质

客服必须要有良好的心理素质，必须拥有临危不乱的应变能力，才能在遇到紧急情况时不惊慌失措。同时，客服还要有百折不挠的承受能力，以及自我掌控的调节能力，才能在服务工作中独当一面。

① 临危不乱的应变能力。多数客服都会遇到突发事件，例如用户在情绪不稳定的情况下，会在评论区侮辱人，或者触碰到了客服的底线，应该如何应对？部分客服可能会与用户争论，或者受到消极情绪的影响，被用户牵着走。而具有应变能力的客服，则能耐心安抚用户情绪，做到大事化小，小事化无。

② 百折不挠的承受能力。客服经常会遭受各种各样的挫折，被用户辱骂，或者被用户误解。长此以往，会导致客服产生难以承受的心理负担，开始自我否定，导致情绪波动，甚至对本职工作产生恐惧心理。如果选择了这个职业，你就必须要有百折不挠的心理承受能力。

③ 自我掌控的调节能力。即使是再优秀的客服，也会因直播工作中遇到的某些事物产生个人情绪。所以，不管是身体上的操劳，还是心理压力，都要求客服必须要有自我掌控的调节能力。

因此，客服在休息的时候，可以合理地宣泄自己的负面情绪。例如，在闲暇时间，可以看一场喜欢的电影，听一首好听的歌曲，借此来适当地放松心情，调整好个人情绪，以免影响本职工作。

（5）诚实守信

俗话说得好："人无信不立。"人一旦失去了信用，便没有立足之地。客服与用户沟通时，需要建立起良好的形象，从而让用户对你产生信任感。在此过程中，诚实守信非常重要。

客服作为主播或商家的"发言人"，其一言一行都代表着主播或商家的形象，切不可在沟通过程中失信于用户，这要求客服做到以下两点。

① 不要欺骗用户。在沟通过程中，客服一定不要欺骗用户。然而，部分客服在与用户的沟通过程中，为了完成销售目标，可能会夸大其词，用一些不符

合实际情况的说辞来引导客户下单。虽然适度夸张是与用户沟通的一种必要技巧。但是，如果用户在收到产品之后，发现客服所说与实际不符，便可能认为客服是在欺骗自己。

② 说到就要做到。除了适度夸张地增加产品的吸引力之外，部分客服在面对用户的询问时，为了坚定用户的购买决心，还会作出一些承诺，结果承诺没有实现，反倒惹恼了用户，导致其在直播间对主播或客服进行谩骂，从而让其他用户对产品产生怀疑。

客服在服务用户的过程中，应以诚信为本，说到就要做到，如果没有把握做到，就不要轻易给出承诺。否则，用户将会把怒火发泄到客服身上，还会给客服打上一个不诚信的标签。

（6）以用户为中心

客服在沟通过程中一定要找到自己的定位，用户是你的服务对象，你需要做的是以用户为中心，秉承服务至上的原则，根据用户的需要为其提供相应的服务。在直播时，千万不要理所当然地认为用户应该跟着你走，或者对用户的提问爱答不理。客服在与用户沟通时，需要注意以下两点。

① 根据要求应答。当用户在评论区中就某一问题询问客服时，客服必须围绕问题进行应答。否则，很可能与用户想要的答案相差甚远。若用户不能得到真正需要的内容，沟通将难以获得预期的效果。

② 多换位思考。虽然客服在直播的过程中扮演了一个意见提供者的身份，但是最终做决定的还是用户自己，不要去试图改变其想法。

因此，客服一定要换位思考，站在用户的角度想问题，提炼用户所表达的关键词，判断用户的需求，推荐用户想要的产品。

（7）具有销售技巧

虽然客服的门槛较低，但是职位竞争激烈。如果没有销售技巧，很有可能将会面临被替代的风险。

因此，不管是为了主播或商家的盈利，还是个人的业绩目标，在用户主动咨询产品时，客服都要以促成交易为目的，面对已经在直播间中咨询问题的用户，要积极地回答用户问题，推荐用户需要的产品。

① 积极推荐产品。不管用户是否有意向购买产品，客服都必须积极推荐产品给用户。一方面，主动推荐产品可以增加产品曝光率，还可以锻炼客服对产品卖点的提炼能力。

需要注意的是，积极推荐产品并不是强买强卖，而是让用户知道我们可以给他们提供什么，客服跟用户寻求的是长期的合作，所以，在推荐产品时，客服要尊重用户的选择。

积极推荐产品，可以表现为在用户咨询产品时，客服积极介绍该产品的卖点，并且在此过程中积极推荐其他的配套产品，增加其他产品曝光率。不仅如此，对于咨询未果的用户，客服还可以通过发放一些福利，激发其购买热情。

② 以促成交易为目标。客服与用户沟通时，应该以目标为导向，这个目标就是促成交易。客服的工作不仅要讲解产品，还要解答用户的疑问，也要将产品销售给用户。

有目标才有动力，客服虽然工作内容相对简单，但是多数时候付出会大于收获。因此，需要在销售技巧上多费心思，把握好每一个与用户沟通的机会。

6.2.2 客服必备的沟通技巧

在与用户沟通的过程中，即便是面对同样的问题，有的客服可能短短几分钟就能解决，但是有的客服却花了很长的时间，还把事情弄得更糟糕了。

虽然直播购物非常便捷，用户只需手指轻轻一点，就完成下单了，但毕竟是网上购物，用户难免会对产品的不确定性因素有所顾虑。这时，客服就需要用沟通技巧来推动用户迈出这一步。

客服是销售产品的执行者，是否掌握沟通技巧，是评定一个客服资深与否的标准。客服专业与否，对产品的销售额的影响重大，所以，需要掌握以下6点沟通技巧。

（1）了解产品，做好充分准备

客服能否自如地应对用户在观看直播的过程中提出的各种问题，一定程度上取决于客服在沟通之前做的准备。如果没有做好准备就匆匆上场，当用户问及不了解的内容时，客服就容易手忙脚乱。

因此，为了避免被用户问得哑口无言，客服一定要做到未雨绸缪，思考用户可能会问到哪些问题，并为每个问题找到相应的应对方法。具体来说，客服在沟通前，需要提前做好以下两项准备。

① 了解产品信息。产品的相关信息是用户在沟通过程中重点要询问的内容之一，毕竟用户要据此判断产品是否符合自己需求。如果客服对产品的相关信息没有足够了解，不仅容易给用户不专业的印象，还会导致用户不信任客服。

在有条件的情况下，把产品信息背下来或者亲自体验一下，当用户在沟通过程中询问产品的使用感受时，就可以清晰地表达出来了。

②提前准备好应对方法。在与用户沟通之前，客服可以站在用户角度思考哪些问题可能会被询问，然后再准备这些问题的答案，或者和同事进行模拟对话，这样一来，当用户真的问到某一问题时，客服便可以轻松地给出答案。

另外，沟通也是有方法的。即便用户的问题无法正面回答，客服也可以轻松应对，例如可以根据经验总结出一些万金油式的技巧，当然，这非常考验客服的专业能力。

（2）学会寒暄，拉近用户距离

在大多数情况下，客服在用户眼中都是陌生人。而对于陌生人，人们通常会有一定的防备心理。客服要想让沟通取得应有的效果，就需要让用户放下防备心理。

让用户放下防备心理，比较简单且有效的方法就是通过寒暄拉近与用户的距离。沟通需要循序渐进，要避免急于求成。客服可以在直播开始时，先与用户进行一些简单的寒暄，对用户进行必要的了解，通过感情的预热，让用户对客服多一分认同感。

①寻找合适的寒暄话题。对于寒暄，许多人的第一反应可能会想到讨论天气情况或者询问近况。当然，天气情况是人们常用的寒暄话题之一，和用户寒暄天气本身也没有什么问题。但是，有时候单一的寒暄话题反而会使氛围更加尴尬。

在这种情况下，客服还需寻找更加合适的寒暄话题。例如，在寻找寒暄话题时，可以结合用户购买的产品和用户的爱好，并从最近的热点中找到与之挂钩的信息。通过这样的方式找到用户感兴趣的话题，自然达到了很好的寒暄效果。

②对用户进行必要的了解。要让寒暄起到应有的效果，客服在评论区与用户互动时，需要对用户进行必要的了解，找到用户有可能感兴趣的内容，并将之作为寒暄的话题。

（3）思路清晰，语言表达准确

客服需要与用户直接进行沟通，又是用户意见的提供者，所以，一定要做到思路清晰，把信息准确地传达给用户。

①思路清晰。客服在与用户沟通的过程中，只有保证自己的思路足够清晰，才能提炼出产品信息中重要部分，向用户传递有效的信息，提高产品的成交率。

② 表达准确。有了清晰的思路之后，客服还需要向用户准确地表达出来。要将一件复杂的事情通过语言来传递，让对方快速理解，语言必须简明扼要，并且表达准确。

（4）凡事顺从，不与用户争辩

有人说"用户就是上帝"，也有人说"用户就是衣食父母"。与用户沟通的过程中，客服必须服务至上，尽量顺从用户的意愿，避免与用户争辩。要知道逞一时的口头之快是不能解决实际问题的。

所以，无论是在哪种情况下，争辩既是对用户不尊重的表现，也是一种不负责任的体现。具体来说，当客服的观点与用户的意愿不一致时，必须做到以下两点。

① 不强行反驳。在任何时候，反驳都是对用户不尊重的体现。如果客服对用户表达的内容进行反驳，就会引起矛盾，影响店铺名声。所以，在与用户沟通的过程中，客服可以先安抚用户的情绪，核对问题的真实性，再寻求解决办法。尤其是客服不清楚真实情况时，切不可武断地强行反驳，导致矛盾升级。

② 凡事适当顺着用户。当购物过程中出现了问题，感觉到自己的利益被损害时，用户必然会有情绪，会在直播间发泄自己的怒气。此时，客服与其推卸责任、强行争辩，倒不如先冷静下来，凡事先顺着用户，安抚用户的情绪，待用户的情绪缓和下来，客服再与用户分析并解决问题。

（5）树立自信，服务底气要足

在日常工作中，客服接触大量不同的用户，其中难免会遇到质疑客服能力，或者担忧直播间内产品质量的用户；又或者因个人情绪影响说出不尊重客服的话语的用户。

面对类似情况，客服必须保持良好的心态，避免受到用户的影响。客服在服务用户时，需要做到以下两点。

① 对自己的专业知识有自信。客服应该积极学习、了解自己工作相关的专业知识。在日常工作中，可以多积累用户常问的问题，并提前准备好相应的答案。在闲暇时，可以多关注与自己工作相关的新闻以及行业发展动态，才能让自己在答疑的过程中得心应手。

② 对自己的产品质量有自信。客服在工作中担当着销售员的角色，要说服用户购买，就必须对自己的产品有信心，在沟通中关注产品的亮点，有条不紊地解答用户的疑虑，增强用户对产品的信任。

（6）表明立场，争取用户信任

迅速地表明自己的立场是销售产品的技巧之一。向用户表明立场，需要客服做到感同身受，站在用户的角度考虑问题，并且让用户知道客服与自己的立场一致。这种方式容易取得用户信任，有利于提高产品的成交率。具体来说，客服需要做到以下两点。

① 表明立场，快速应变。任何时候，向用户表明自己的立场，站在用户的立场想问题，做到感同身受，都是快速取得用户信任的方式。客服需要快速做出反应，才能及时提出解决办法。

② 真诚道歉，适当承诺。当用户在直播间发出质问时，诚挚的道歉是打动用户的最佳武器。用户带着情绪来直播间刷不好的言论时，客服不要过于冲动，避免被用户的语言和情绪影响，而要真诚地道歉，安抚用户情绪，给自己争取解决问题的时间。

当然，在服务过程中，总有部分因素是客服不可控制的，这时，除了道歉之外，客服还可以适当地向用户做出承诺，让用户焦虑的心情得到缓解。

需要注意的是，为了避免给以后的服务带来麻烦，客服不要承诺做不到的事情，以免让用户不再信任自己。

6.3 产品介绍：增强产品的吸引力

在直播间购物时，对产品不了解或者不够信任，都会阻碍用户做决定。面对这种情况，客服要尽可能地介绍产品，展现产品细节，突出产品优势。在介绍的过程中，客服不仅要描述产品的要点，有技巧地介绍产品，还要规避一些常见的雷区。

6.3.1 掌握产品描述必用技巧

当用户就产品的相关信息咨询客服时，往往代表用户对产品有一定的兴趣。由于还未真正拿到产品，看不到细节，所以，用户对产品的具体情况并不了解，这时，客服就要尽可能详细地描述，具体可以从4点来展开。

（1）尽可能全面地介绍产品

虽然用户在咨询产品的相关信息时，已经观看了主播的讲解，对产品已经有了一定了解，但是客服仍需要尽可能全面地向用户介绍产品。具体来说需要做到以下两点。

① 介绍产品要全面。许多用户在购物之前与客服进行交流都希望获得更多产品的相关信息，从而进一步确定是否要下单购买。客服可以以此为切入点，尽可能全面地介绍产品，这样不仅能满足用户对产品信息的获知需求，客服还可以借此机会推荐其他产品。

② 根据用户意图描述产品。虽然尽可能全面地介绍产品可以增加用户对产品的了解，有促成交易的可能性。但是，如果客服不考虑用户的实际需要，用户是不会有购买兴趣的。所以，在描述产品之前，客服应根据用户的反应判断其意图，并根据用户的意图进行针对性的描述。

（2）展现产品细节，赢得好感

很多时候，人们只要看到关键细节便可以对整体进行一个大致的评估。具体来说，用户在购买一件产品时，往往很注重细节，可能仅仅以产品的某个细节直接判定该产品是否值得购买。所以，为了让用户对产品更有信心，客服可以将展现产品的细节作为一个突破点。具体来说，需要做到以下两点。

① 将描述信息细化。要将描述信息细化，客服自身需要对产品的信息足够了解。另外，在介绍产品时，客服可以从颜色、材质、包装和注意事项等基本信息入手，然后通过细节展示让用户觉得产品更具可靠性。

② 突出展示产品的精致。对于注重细节的用户来说，精致的产品就是最重要的加分项之一，产品足够精致，证明做工不差，产品的成本也不会很低，不会给人廉价的感觉。直播间中多数产品价格都不低，如果一款产品物美价廉，那么一定会非常受用户青睐，并且销量也将非常好。

（3）强化产品卖点，凸显优势

随着直播带货的快速发展，市场上同类产品的款式越来越多，竞争也非常激烈。在这种形势下，客服需要思考一个问题，那就是：用户为什么要在你的直播间购买某款产品？

虽然不同用户买某件产品的理由不同，但是有一点是相同的，那就是在用户看来，这款产品与其他同类产品相比更有优势。具体来说，要向用户突出产品优势，可以从以下两方面展开。

① 强化卖点。产品的卖点一般可以是产品自身具有的特性，如某服装因为材质原因，透气性比较好，面料光滑，深受用户欢迎，这便是产品的卖点之一。具体来说，可以参考以下3个技巧，如图6-3所示。

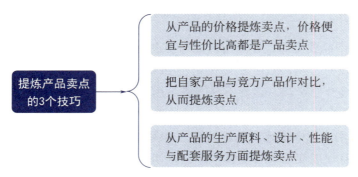

图6-3 提炼产品卖点的3个技巧

除了产品自身的卖点之外，商家后期也可以通过营销手段给产品营造卖点，这些对于用户来说都具有一定吸引力。但是，有吸引力并不一定就能让用户打消下单的疑虑，这时客服需要做中间的催化剂，强化产品的卖点，凸显产品的优势，引导用户主动消费。

② 提升价值。对于部分用户来说，产品的附加值也是判断产品是否值得购买的标尺。如果客服仅仅是为了把产品销售出去，而对卖点夸夸其谈，那么用户也不一定有很强的购买意向。

所以，除了卖点的展示和强化之外，客服还需要从精神上满足用户需要，让用户在得到产品的同时，还能得到精神上的满足。例如，对于限量款的产品，客服可以将数量作为切入点，用产品未来的收藏价值打动用户。

（4）语言使用得体，委婉否定

语言是否得体，在一定程度上能够体现出一个人的道德素质。虽然在与用户的交流过程中，客服没必要过分卑躬屈膝，但是保证语言的得体还是很有必要的。具体来说，客服需要做到以下两点。

① 语言得体。"得体"本意为言行恰到好处，从这个定义上很难把握到底怎样才算得体，但是有一点可以肯定，那就是得体的语言至少应该是有礼貌的。所以，在与用户交流时，客服应尽可能地表现得恭敬有礼，而不能说出一些伤害用户自尊心的话。

② 委婉否定。即便在交流过程中发现了用户的错误，也不宜直接指出。因

为这会让用户觉得尴尬、没面子，甚至不愿意继续再交流下去。当然，不直接指出用户的错误并不是要对用户的错误熟视无睹，而是要注意指出错误的方式。客服应尽可能地委婉，让用户有台阶可下。

6.3.2 掌握介绍技巧打动用户

产品介绍是有技巧的，如果客服毫无针对性地进行介绍，就相当于是在夸夸其谈。那样不仅会浪费大量的时间和精力，还会让用户觉得客服水平不行。所以，客服有必要掌握以下6个技巧，让自己的表达更能打动用户。

（1）摸清需求，有的放矢

摸清用户需求是进行针对性介绍的前提，客服如果能知道用户真正需要的是什么，就能更好地提供服务，提高销售的成交率。需要特别注意的是，在根据用户需求进行针对性介绍时，客服不仅要保证介绍内容满足用户的需求，还需要对内容进行甄选，找到可以吸引用户的内容。

（2）提供选择，弱化目的

在用户眼中，客服是品牌或商家的代表，维护的是品牌或商家的利益。所以，用户对客服会存在防备心理。因此，客服必须通过一些技巧让用户觉得你是在为他们挑选更合适的产品，而不仅仅是想要快点让他们下单。面对这种情况，客服可以多给用户介绍几款产品，让用户有选择性。具体来说可以从以下两方面展开。

① 根据需求给出选项。客服在给用户推荐产品之前，一定要先了解用户的需求。一方面，可以帮助客服弱化故意引导用户购买某件产品目的，使用户觉得自己掌握了主动权，不至于对客服产生反感。

另一方面，只有了解用户的真实需求，客服才能据此作出相应的推荐，给用户提供一些合适的选择，引导用户完成购物。

② 选项间要有差异性。在根据用户的需求提供选项时，客服必须要注意提供的选项应该存在一定的差异性。如果向用户推荐的是相似度较高的产品，用户往往一时难以做出选择，这样会大大延长用户思考的时间，一旦考虑时间过长，影响交易的不确定性因素也就更多。

（3）欲扬先抑，更显真实

部分客服在向用户介绍产品的过程中，为了增强吸引力，会一味地展示产品的优势。殊不知过分夸大产品优势，很可能会让用户觉得你的介绍不够真实。

客服可以利用欲扬先抑的手法突出产品优势。具体来说，可以从以下两方面展开。

① 简单带过不足。向用户说明产品缺点能够让用户觉得客服的表达更加真实。在表达产品的缺点时，简单描述即可。着重跟客户分析不足，反而会将产品的缺点放大，这时客服不管说再多产品的优点，也挽回不了产品在用户心中的地位。

② 详细解读优点。在用欲扬先抑的策略介绍产品的过程中，合理运用比较的手法非常重要。通常来说，客服在表达不足时只需简单带过，但是优点则需要详细解读。告知用户产品的优点才是打动用户购买产品的主要手段。

（4）给出优惠，刺激引导

购买产品的决定权在用户手中，大部分用户都希望产品足够实惠。所以，客服与其花费大量时间和精力把产品说得天花乱坠，还不如在介绍过程中给出一些优惠。

无论是给赠品，还是打折，都能让用户觉得在价格上占到了便宜。具体来说，可以用以下两种方式来刺激用户下单。

① 给出优惠。对于某些对价格比较看重的用户，客服如果能给出一些优惠，即便这个优惠实际上没有太大的价值，也能达到满足用户心理需求的效果。

因此，客服可以借给用户优惠的策略，让用户下定购物的决心。例如，在某些直播间中，部分主播会设置抽奖免单，或不定时发放优惠券来刺激消费，客服可以引导用户关注这些信息。

② 刺激引导。虽然客服给出一些优惠之后，在一定程度上能够吸引用户注意力。但是，一部分用户可能仍有不满足的心理。面对这种情况，客服可以适当地给一些压力，表示优惠的时间或者优惠的名额有限，从而让用户更快地做出决定。给用户一些引导性的刺激，让他们乐意下单。

（5）传递信息，引人入胜

客服一定要按捺住自己急功近利的心态，先仔细浏览用户在直播间内的评论，从用户的语言中找出其感兴趣的信息，在介绍产品时不着痕迹地把用户感兴趣的信息传递出来，引发他们的好奇心。一旦在沟通中激起用户的好奇心，客服在合适的契机把话题转移到产品上，更容易促成交易。

（6）现身说法，语言真实

感性式回答是客服经常用到的回答方法之一。当用户咨询产品问题时，客服想要用户理解得更加准确，便用自己的亲身感受来回答，让用户来分析问题，思考问题的答案，这就是感性式回答。客服人员可以用感性式回答，增强表达的说服力。

需要注意的是，感性回答往往不能在同一个沟通场景下频繁使用，否则只会适得其反。

第 7 章

促进成交：
让直播盈利直线上升

用户在观看直播时，即使已经有了购买产品的意向，也会因为疑虑而迟迟不下单。此时，客服可以协助主播打消用户的疑虑，使用对应技巧激发其购买欲望。

7.1 消除疑虑：给用户吃颗定心丸

观看直播时，用户毕竟只能通过视频看到产品，无法直接查看产品实物。所以，对直播购物存在疑虑很正常。

其实，从另一个方面来看，用户既然在观看直播时向客服咨询产品，就证明对产品有潜在的需求。此时，如果客服能够消除用户的疑虑，便有很大概率达成交易的目标。

7.1.1 消除对产品本身的疑虑

一般来说，直播间的产品有价格优势，很多用户都喜欢在直播间购物。但是，当产品的价格普遍较低时，其质量就很容易让人产生怀疑。

客服作为主播与用户之间的桥梁，主要职责就是消除用户的疑虑，维护用户关系，从而为主播或商家创造效益。所以，当用户对产品有疑虑时，要及时对产品进行说明，消除用户的疑虑。具体来说，客服需要做到以下4点。

（1）对产品质量做出保证

许多用户在直播间购物时会有矛盾心理，一方面，他们希望以更优惠的价格获得产品；另一方面，当价格比较低时，他们又担心产品的质量可能存在问题。

质量是用户购买产品的关键因素，如果某件产品在用户看来质量不过关，那么，即便价格足够便宜，用户也可能不会下单选购。因此，当用户对产品的质量有疑虑时，客服需要尽可能地消除其疑虑，否则将很难达成交易的目标。客服想要说服用户，可以从以下两点展开。

① 说明低价原因。在用户看来，主播和商家是以盈利为目的的，他们不可能全然不顾自身利益，无缘无故地降价甩卖。因此，客服在与用户沟通的过程中，可以说明低价的原因，避免用户以为是产品的质量有问题而产生误会。

② 对质量做出保证。除了对低价原因进行说明之外，还需对产品的质量作出一些必要的保证。例如，用户可能会对产品是否是正品有疑虑。此时，客服便可以为用户提供验证方法，并承诺不是正品可以在限定时间内退货。甚至可以打出"假一赔N"等口号，让用户觉得客服对产品的质量是有信心的。

（2）产品规格，说明细节

用户除了对产品是否是正品等质量问题有疑惑之外，对产品规格的疑虑也比较常见。因为在用户看来，规格不标准的产品买回去之后，很可能会出现不符合预期或不合适的情况。所以，当用户对产品规格有疑虑时，可以使用以下两种解决办法。

① 说明自身规格。通常情况下，产品的规格都是有一定标准的。当产品的规格不符合标准时，用户便有理由认为该产品是不正规的。不正规的产品，用户一般不会轻易购买。

不同地区采用的标准可能存在一些差异，例如同样是鞋码，便有中国码、美国码和欧洲码等多个不同的标准，不同标准的鞋码大小存在一定的差异。

因此，为了让用户根据自身情况选择更适合的产品，客服需要对产品所采用的标准进行必要的说明，在必要的情况下，为了方便用户查看，还可以提供不同标准的对照表。

② 不标准可退货。正是因为产品的规格都是有一定标准的，所以用户在购买时，一般都会选择最适合自身需求的规格。例如，在选鞋子时，用户一定会根据自己脚的大小选择最适合的鞋码。

当产品的规格不符合标准时，用户原本按照自身实际情况选择的产品便变得不合用。很显然，无论是产品不正规，还是产品不合用，用户都会打消购物念头。所以，客服需要从源头解决问题，消除用户对规格的疑虑。对于用户来说，不标准的产品很可能直接影响使用。这也是大部分用户对产品规格有疑虑最直接的原因。对此，客服可以通过一定的举措，给用户以信心。例如，向用户承诺产品不标准可以直接退货。

虽然只是一个小小的承诺，但在用户看来，只要客服敢承诺，就说明其对产品的标准是有信心的。

（3）产品品牌，证明授权

在价格相同的情况下，用户在购物时通常更倾向于购买有一定知名度的品牌，因为人们认为知名品牌往往更注重产品的质量。所以，相对来说更可靠一些。当用户看到主播推荐的品牌知名度不高，或者非专卖店产品时，有可能会产生以下两个常见的疑虑。

① 对知名度的疑虑。当用户对品牌的知名度有疑虑时，客服一定要想办法让用户觉得产品是可靠的。这时，可以通过介绍品牌的相关信息，让用户认识这个品牌，并提供一些证据，让用户相信它的产品质量。具体来说，客服可以围绕以下3个方面展开，如图7-1所示。

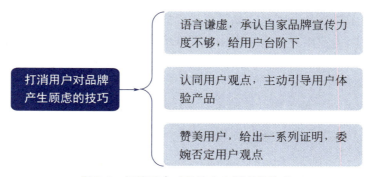

图7-1 打消用户对品牌产生顾虑的技巧

② 对非专卖店产品的疑虑。除了对品牌知名度存在顾虑之外，用户也有可能对产品是否是正品产生疑虑。因为在用户看来，知名的品牌一般都有专卖店。

这时，客服需要做的就是提供一些可以证明产品是正品的"证据"。例如，可以展示该品牌的授权，也可以将用户对产品的正面评价作为依据，还可以提供能直接证明产品是正品的相关资料。在用户看来，实际的资料比客服以及主播的语言更有说服力。

（4）款式过时，及时引导

当某产品以促销价出售时，多数用户会对产品优惠的原因产生怀疑，担心产品已经过时，才会有这么大的优惠力度。此时，客服需要及时消除用户对"产品是否过时"的疑虑。

① 以回馈用户来解说。当产品比原价便宜很多，优惠力度过大，会让用户产生怀疑。在用户看来，新品打折的概率很小，除非是产品已经过时，商家要清仓甩卖，才找主播来带货。

这时，客服需要及时打消用户的疑虑，例如可以通过商家回馈粉丝的理由向用户解释产品低价的原因，让用户放心下单。

② 以流行元素来解说。一些用户戒备心理强，仅仅以商家回馈用户的理由并不能让他们信服，这时客服可以拿产品结合当下比较流行的元素进行解说，让用户去衡量产品的过时情况。例如，面对购买服饰的用户，可以把流行的风格、颜色和外观融入产品介绍中。面对购买科技产品的用户，则把流行的外观设计、先进的功能结合到产品介绍中。

7.1.2 消除对物流运输的疑虑

对物流运输有疑虑的用户，往往性格比较焦躁，又或者是着急使用产品，才会咨询客服物流的问题。对于这类用户，客服要耐心解答，让用户的情绪得到安抚。具体来说，可以从以下4个方面来打消用户关于物流运输的疑虑。

（1）包邮与否

在用户看来，邮费是产品之外的支出，如果购买产品还需另外支付一些邮费，就会觉得不划算了。无论是否包邮，客服都有必要在与用户沟通的过程中提前具体说明。

通常来说，包邮直接告知即可，不包邮则需要在告知后说明原因，寻求用户的理解。

（2）发货时间

因为用户在观看直播并下单之后，会对所购买的产品有预期，往往想要快点收到。所以，许多用户在购物前，都会习惯性地询问客服发货时间。

通常情况下，如果用户询问发货时间，就说明该用户对于产品有着较强的购买欲。此时，只要客服告知会尽快发货，用户很可能就会下定购买的决心。

当然，在告知用户发货时间时，客服还需要采取一定的方法，让自己的表达更具说服力。例如，可以对发货时间进行具体说明，甚至可以直接晒出以往发货时间的相关记录。

（3）物流速度

① 优秀的快递公司。由于各快递公司的实力不同，所以，即便是同样的货物，不同的快递公司送达的时间也会存在一定的差异。在与用户沟通的过程中，客服可以强调商家是与优秀快递公司合作的，可以尽快送到用户手中。如果快递公司的速度是被用户普遍认可的，客服还可以直接说出快递公司的名称，让用户放心。

② 根据地址选择方案。商家会根据用户填写的地址选择相对合适的快递公司，从而让快递更快地送到用户手中。但是，如果是不可抗因素导致物流较慢，需要向用户说明原因，并请求谅解。

（4）强调损坏包退

对于用户来说，因为部分产品本身就比较容易损坏，如果商家包装的防护没有做好，在运输的过程中，就很容易被损坏。所以，当他们购买这类易损坏的产品时，都会咨询商家包装、物流运输以及售后的问题。对于这种情况，客服可以从两个方面打消用户的疑虑。

① 强调包装。当用户对产品是否会被损坏这个问题有疑虑时，客服首先要做的就是强调商家在寄快递之前是对产品进行了严密包装的。在此过程中，为了增强说服力，客服甚至可以将包装的过程告知用户，让用户对其有一个较为直观的把握。

② 保证损坏包退。虽然好的包装能从一定程度上减少产品损坏的概率，但并不是所有包装好的产品都能完好地送到用户手中。对于这种情况，一味地强调包装严密可能并不能取得什么效果。此时，客服可以给用户吃一颗"定心丸"。例如，作出损坏包退的承诺，让用户放心地下单。

7.1.3 消除对售后服务的疑虑

售后服务的优劣影响着用户满意度，也影响着主播的信誉。所以，客服一定要尽力给用户提供优质的售后服务。除此之外，对用户来说，当两个主播推荐的产品性能与质量相似时，他们更倾向于相信有信誉的、售后服务优质的主播。

所以，当用户咨询有关售后的问题时，客服一定要保持热情待客的工作态度。具体来说，可以从3个方面打消用户对售后服务的疑虑。

（1）详细解答，保修问题

当用户购买价格相对较高的产品时，都希望能够获得一定时间的产品保障，用户在与客服沟通的过程中，通常会对保修的相关内容进行询问。

在这种情况下，用户对保修问题的疑虑将很大程度上影响最终的沟通结果。所以，客服应该通过一定的举措消除用户的疑虑。

① 具化保修内容。具化保修内容就是指将保修的范围具体告知用户，让用户知道产品的哪些部分是可以保修的，哪些部分是不可以保修的。将保修的内容直接告知最直接的作用就是让用户可以对保修的相关事项多一分了解，从而增加用户对产品和主播的信心。当客服对保修内容进行具体说明时，用户会觉得产品和主播是真诚和可靠的。

② 展现保修实力。除了了解保修内容之外，用户往往还会对保修是否方便有疑问。例如，有的产品虽然保修的内容较多，但是保修点却比较少，用户为了维修产品需要去比较远的地方。这种保修显然是不被待见的。

所以，客服还需通过展现保修的实力，让用户觉得产品保修很方便。例如，可以告知用户产品具体有哪些保修点，当用户所在地保修点较多时，甚至可以将保修点数量和位置列出。

（2）告知退换条件

即使用户已经观看直播，对产品的使用效果有了一定把握，也会遇到产品并不适合自己的情况，此时，对用户来说，产品的价值将大打折扣。为了保障用户购物的应有权益，部分用户可能会对产品是否包退包换有顾虑。

当然，产品种类、店铺标准等的不同，可能会对用户的退换产生影响，客服可以根据实际情况告知用户产品是否可以包退包换。对于不可退换的产品，客服要给出一些合理的、听着比较舒服的理由。

（3）正面回答，处理时间

当用户在直播购物过程中遇到问题时，总希望卖家能够第一时间出面解决。但是并不是所有卖家的售后都做得足够好，所以，许多用户都曾遇到过卖家对问题处理不及时的情况。

也正因为如此,部分用户可能会对卖家处理问题的时间有所顾虑。而这个顾虑对于用户是否下单购物将产生较大的影响。因此,当用户对问题处理时间有疑虑时,客服必须设法消除其疑虑。

7.2 会听会问:做"懂事"的客服

学会倾听,并适当发问,在沟通中起着重要的作用。作为一名客服,要做到以用户为中心,倾听用户的表达,询问用户的需求,然后不断改进自己的工作,做"懂事"的客服。

7.2.1 做好用户意见的倾听者

每个人都有表达的欲望,用户也不例外。所以客服在与用户沟通时,可以多引导用户表达他们的想法,做一名忠实的倾听者。

客服只有认真倾听,才能明白用户的真正需求,才能知道用户遇到了哪些问题,才能了解自己的工作还有哪些需要改善的地方。具体来说,必须要做到以下4点。

(1)找好立场,避免主观

作为一名倾听者,客服在倾听用户诉求时,要做到有效、到位。这要求站在用户的立场上倾听,从用户的角度出发,倾听时抛弃自己的主观成见,才能明白用户的真正需求,找到有效的解决问题的方法,为用户提供满意的服务。

(2)把握时机,正确回应

倾听并不是简单地只听用户的表达,在倾听时,客服可以给用户一些积极的回应,让用户感受到自己被尊重、被重视。

倾听的目的是了解用户的需求,但是,客服并不能保证用户会向自己坦诚表达内心的想法。此时,要适当地引导用户,向用户传达"说下去"的信号。

具体来说，需要做到以下3点。

① 适当地沉默。倾听并不是要求客服一直保持沉默，而是要把握好沉默与表达的时机，给用户表达的机会。客服与用户沟通时，可以通过用户的语言判断出他们是否有表达的欲望。在用户兴致高涨时，客服不要打断用户说话，而是适当地保持沉默，示意用户继续说下去。

② 适当地赞美。当用户在表达自己的想法时，客服作为一名倾听者，可以适当地赞美用户，让用户感受到自己被肯定、被认同，增强其"说下去"的自信心。

适当地赞美，也是一种沟通的技巧，只要客服使用得当，就可以快速拉近用户与自己的距离，满足用户的虚荣心理。具体来说，需要掌握以下4种赞美的方法，如图7-2所示。

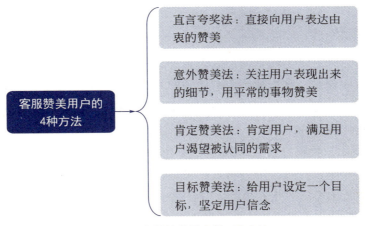

图7-2　客服赞美用户的5种方法

③ 适当地询问。客服在倾听时适当地提出问题，一方面，可以获得更多关于用户的相关信息，让用户把自己所想到的全部内容表达出来。另一方面，可以通过询问来判断本次倾听是否结束，从而开始下一步的服务工作。例如，在用户说完自己的想法之后，客服可以询问"明白了，您还有其他的问题吗？"，如果用户已经表达完毕，那么就把话题转移到产品上。需要注意的是，在询问时要把握好时机，避免频繁询问。

（3）复述原话，肯定用户

客服在倾听用户表达时，可以摘要复述原话给用户肯定的回应。摘要复述用户的原话表现在两方面，一方面，客服在倾听过程中把用户原话抛向用户，以表达肯定与理解，让用户产生成就感；另一方面，在倾听用户的表达之后，可以对用户所表达的内容进行一个归纳和总结，把重点内容划分为几个要点，复述给用户。

① 复述用户原话。复述用户原话，是提高沟通融洽度的一种方法。在倾听中把用户的原话作为回应，可以表现出自己在认真听。

用户说："我觉得手机就得买个贵点的，一分钱一分货。"客服马上回答："是啊，手机买贵点的好。"通过复述用户的原话，让用户觉得自己所说的内容被人肯定，那么客服介绍产品时，促成交易的可能性也会更高。

② 归纳总结要点。当用户的表达杂乱无章时，客服可以简要复述，再跟用户确认哪些需要补充。在与用户沟通时，哪怕已经很仔细地倾听了，也有不小心遗漏重点的时候。因此，客服归纳总结用户的话意，可以避免遗漏或误解用户所要表达的原意。

（4）观察性格，分析话意

用户的话外之意，就是他们因为某种原因不愿意直接表达的内容。往往在他们的语言中流露，这需要客服有敏锐的观察力。在沟通中，学会读懂用户的话外之意，才能更高效地了解用户的真实想法，把服务工作做好。可以从以下两方面展开。

① 观察用户性格。直播带货行业近年来非常火爆，许多用户养成了直播购物的习惯。其中，客服与用户的人际关系相对比较复杂。所以，要对用户有基本了解，能听出用户的弦外之音，需要观察用户的性格特点。当客服在倾听时，可以通过用户的语言对其性格特点做出一个基本判断。

② 丰富社会阅历。客服接触的用户大部分都是有社会阅历的人，这些用户都有不同的表达技巧，所以，客服还要丰富自己的社会阅历，才能听出不同用户的话外之意。丰富社会阅历，可以通过日常细心观察来实现，也可以在个人生活中，通过与人交流而习得。

7.2.2 用用户接受的方式询问

发问是了解用户的前提，当客服需要了解用户的性格与真实想法，或是向用户确认真实的意思时，都需要向用户发问。除此之外，遇到因愤怒而不理智的用户，发问也是一种比较好的安抚情绪的方式。具体来说，客服要注意以下4点。

（1）主动发问，拉近距离

发问是客服了解用户详细需求的重要方式，与用户交流也是由发问开始的。所以，客服首先要养成主动发问的习惯，这有助于拉近与用户之间的距离。对此，要注意以下两点。

① 在合适时机发问。虽然养成爱发问的习惯是好事，但是要注意时机是否合适，如果不注意时机，发问过于频繁，很容易使用户感到厌烦。只有在合适的时机发问，才能让用户配合自己，才能获得更多信息。

② 发问要兼顾细节。客服向用户进行发问时，要兼顾细节，只有问清细节，才能对用户的想法了解得更加透彻。如果在一开始向用户发问时，就已经明确需要问的细节，那客服在对用户有大概的了解之后，双方的沟通会更加顺畅。

（2）委婉建议，不要苛责

客服在发问时，要注意自己的语言，不要带有责怪的意思。用户对服务是挑剔的，作为消费者，用户认为自己应该有权力享受优质的服务，所以，哪怕客服的语言中带着一点点批评的意味，也容易导致用户勃然大怒。具体来说，客服在发问时需要注意以下两点。

① 避免用语不当。客服在向用户发问时，一定要注意避免用语不当的情况。一旦因用语不当激起用户的情绪，将很难解释清楚其中缘由。所以，要先组织好语言，思考是否有不恰当的地方，再发问。

例如，在向用户确认时，用"是吗"代替"吧"，语气会显得轻松一些，同时，要避免使用"为什么不"这类问句的表达。

② 委婉提供建议。向用户提供建议时，客服要避免使用问句的形式，无论是哪个用户，都有爱面子的心理，所以，哪怕是用户错误操作导致的问题，都不能直接指出错误，而是委婉地给用户提供建议。

首先，客服可以先肯定用户，例如"您说的是"这类句子。其次，客服再委婉地向用户提出建议，例如"我这里也有一个小建议，您可以……"。

（3）围绕主题，注意隐私

对于客服来说，任何时候的发问，都应该以用户遇到的问题为核心。客服对于用户的发问应该具有引导性，引导用户围绕所遇到的事情做出具体的叙述。所以，客服在发问时要注意抓住重点，不可偏离主题，不问私人问题。

① 提问要抓重点。客服提问一些和话题不相关的问题，不仅会让用户心情不愉快，也会影响自己的工作效率。解决问题时，应该要做到高效，才能把更

多的时间和精力放在其他更重要的意向用户身上。所以，客服向用户提问时必须要抓住重点，引导用户说出更多与核心主题相关的信息，了解用户遇到了什么问题，对产品有哪些需求，才能更好地帮助用户找出解决方案。

② 不问私人问题。在任何场合，没有合理的理由，询问别人私人的问题，都是不礼貌的行为。客服与用户之间是陌生人的关系，在相互之间还没有建立起信任的情况下，询问私人问题，只会给用户留下不礼貌的印象，甚至用户还有可能质疑客服的身份，产生戒备心理。

（4）表明理由，不要审问

如果客服发问时的语言没有经过任何修饰，并且是连续进行发问，很容易让用户产生被审问的感觉。所以，客服首先要表明发问的理由，其次要注意避免重复发问的情况。

① 表明发问理由。客服在发问时，要向用户说明理由。询问用户个人信息容易引发误会，提前告知原因，可以让用户不至于对提问产生反感。

② 避免重复发问。客服可以把所有的问题都整合在一起，组织好语言再发问，避免用户刚回答完一个问题，客服又问到了下一个问题。

重复发问会使人感到厌烦，提前组织语言可以有效避免重复发问，有利于提高效率，也可以避免用户产生被审问的感觉，对客服的专业性产生怀疑，从而产生防备心理。

7.3 激发欲望：用户主动掏钱下单

部分用户在观看主播直播时咨询客服，对产品还只有潜在的需求，这时客服的刺激与引导很重要。本节主要以营造购物氛围以及施加购物压力这两方面进行解读，分析应该如何激发用户的购买欲望，让用户主动掏钱购买产品。

7.3.1 营造愉快氛围带动下单

客服的服务工作除了维护商家与用户的良好关系之外，还要担当产品的销售角色。用户之所以会选择购买某件产品，除了符合需求之外，客服与用户沟通的氛围也是影响购买的重要因素。

如果客服营造的是一个相对愉悦的沟通氛围，用户会感到轻松愉悦，自然也会更愿意购买产品。具体来说，需要做到以下6点。

（1）塑造人设，营造氛围

在用户购物的过程中，产品的实用性是必须要考虑的因素之一。产品的实用性通常情况下更多的是满足用户在物质方面的要求。

除了物质需求，用户对购物还存在精神上的需求。例如，用户希望购物的过程是轻松、愉快的，那么客服可以为用户营造舒适的沟通氛围，让用户觉得与客服的沟通轻松、自由和愉快。因此，客服可以从两点入手。

① 给自己塑造合适的人设。一般来说，在用户眼中客服就是陌生人，再加上在直播间购物有一定的风险，所以，用户有戒备心理很正常。客服要引导用户快速完成购物，就需要先拉近与用户之间的距离，营造一种相对轻松的沟通氛围。

客服可以根据用户语言中提取出来的信息，给自己塑造合适的人设。例如，从用户的兴趣出发，塑造一个跟用户相似的人设，慢慢消除用户的戒备心理。具体可以从以下两方面展开，如图7-3所示。

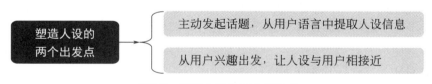

图7-3　塑造人设的两个出发点

② 给用户"好"的消费体验。在产品同质化严重的情况下，仅仅以产品价格和质量来吸引用户是远远满足不了用户需求的，所以，在此基础上，客服需要满足用户的个性化需求，给用户"好"的消费体验。好的消费体验可以围绕不同用户的需求展开，客服可以根据用户的个性化需求，给用户创造良好的沟通氛围，提供便捷的售后服务。

（2）巧用赞美，留好印象

在与人沟通的过程中，谁都希望听到好话，用户也不例外。如果客服能够适时赞美用户，用户自然会对客服留下好印象，对于客服传达的信息也更容易听得进去一些。

虽然巧用赞美有利于营造良好的沟通氛围，但是客服需要注意不要过分赞美，这会让用户觉得赞美脱离实际情况，从而认为客服是想讨好自己。具体来说，客服可以从两方面切入，给用户留下好印象。

① 从购买的产品切入。对于已经看过直播，心中有购买选项的用户，客服能快速引导其完成购物的比较简单、有效的一种方式便是赞美产品，从用户需要购买的产品入手，坚定用户的购买决心。但是，客服需要拿具体的事情来赞美，并不是泛泛而谈。

例如，当用户就购买某产品征询客服意见时，客服可以从该产品的销量大、好评率高等方面，让用户觉得该产品已经得到了其他许多用户的认同。同时，客服在赞美产品时，也可以增加产品细节的描述，使自己的语言更有说服力。

② 从用户的角色切入。除了要购买的产品之外，客服还可以从用户在现实生活中扮演的角色入手，站在该角色的角度进行分析，并赞美用户扮演得好，让用户得到成就感。

例如，当用户说是为孩子买书时，客服便可以赞美用户是一个关心孩子学习的好父母，或者赞美用户培养了一位爱学习的孩子。这样一来，用户将获得一定的成就感，也会觉得客服"会说话"，并对客服产生好的印象。

（3）迎合偏好，引导下单

用户的价值观、人生观和世界观各不相同，社会阅历也不同。即便是对于同一件事，不同的人也会有不同的看法，各人的偏好会有差异。

每天面对各种各样的用户，为了更好地引导用户完成购物，客服需要了解用户的偏好，并根据其偏好进行针对性的引导，迎合用户。

① 了解用户的"口味"。偏好，通俗地理解就是偏爱、喜好。不同用户在购物时的关注点或者说喜好存在一些差异，要让推荐的产品合用户的"口味"，客服首先得了解用户的偏好，知道用户喜欢的究竟是哪种"口味"。

客服可以通过多观察用户在沟通过程中传达的信息，了解、分析用户的偏好，并通过试探等方式对猜测的结果进行评估。如果试探的结果与预期一致，就可以开始下一步工作了。

② 迎合用户的"口味"。一般来说，只要产品满足用户的"口味"，价格又在能接受的范围内，用户是很乐意购买的。所以，了解用户的偏好是前提，客服还需要懂得合理利用用户的偏好，根据其偏好进行购物引导。

具体来说，将用户的具体需求与偏好作为推荐产品时的参照，找出与条件符合的产品，再推荐给用户。通过这样的方式，不仅能满足用户对产品实用性的要求，还能满足用户的偏好，那么，用户也就没有了不购买该产品的理由。

（4）耐心答疑，态度良好

因为直播购物时，用户只能通过主播的介绍看到产品的一些细节和信息，而无法亲自对产品的相关信息进行验证，所以，许多用户都比较谨慎。这体现在部分用户购买产品前会向客服提出一系列问题。

向客服咨询是用户了解产品的重要途径，如果在此过程中产品基本能满足要求，而客服又能耐心地对相关问题进行解答，用户便有可能将客服的良好服务态度作为购物的理由之一。客服在回答用户问题时，要做到以下两点。

① 认真倾听。解答疑问首先得知道用户的疑问是什么，只有如此才能针对性地给出相对合适的答案。为此，客服需要做的就是仔细倾听、理解用户表达的意图，并在此基础上判断用户想知道的是哪方面的内容。

需要特别说明的是，有时候用户看似是在说A内容，实际上想知道的是B内容。所以，客服在倾听的过程中需要揣摩用户的意图，为其提供真正需要的内容。

对于这个问题，客服需要做的是向用户"证明"产品的价值。但是，如果仅仅看字面意思，客服便可能错误地理解用户在讨价还价，这样一来，给出的答案对用户是没有参考价值的。

② 耐心答疑。耐心解答应该从两部分进行理解，一是"耐心"，这要求客服在回答用户的问题时要有足够的耐心，而不能因为问题太多或者用户让人"不爽"，就对其没有耐心。

二是"解答"，真正的解答应该是能够消除用户某方面的疑问的，所以，客服的解答应该是有实际作用的。这也就意味着，那些答非所问以及过于敷衍的回答，并不能称为"解答"。

（5）给予优惠，以舍换得

随着直播带货行业的日益发展，带货主播之间的竞争越来越激烈。在这种情况下，如果主播或商家连一点小的利益也无法舍弃，那么，用户在权衡之下很可能会选择在对其更有利的其他直播间购买产品。

当然，除了主播或商家明确给出一些福利之外，身为"代言人"的客服也可以在与用户沟通的过程中，适当地舍弃一些利益，让用户有被特殊对待的感觉，从而让用户下定决心购买产品。具体来说，可以借鉴以下3种方式适当给予用户优惠。

① 赠送礼品。赠送礼品是在沟通过程中特别"照顾"用户的常见方式之一。客服让用户获得了额外的物品，用户购买产品的欲望便会大大增强。

② 发放代金券。当用户购物达到一定金额之后，客服还可以向用户发放一些低面值的代金券。这个抵用券通常是要下次购物消费满一定金额时才能用的。利用发放代金券这种方式，可以为直播间带来一定的回头客，从而提高店铺的复购率。用户领取代金券后，客服可以定期提醒用户使用期限，引导其在限定时间内购买店铺内的产品。

③ 给出小幅折扣。除了赠送小礼物和发放代金券之外，客服还可以适当地给予用户一些折扣。例如，可以在原价的基础上打九折或者九五折。这样价格虽然看似没有便宜太多，但是用户却可能因为维护了自身利益而获得一定的成就感。再加上客服是在"特别对待"自己，所以，在这种情况下，用户很有可能出于个人情感，坚定购物的决心。

（6）态度积极，建立信任

用户下定决心购买直播间内的某个产品时，是基于对主播的信任。例如，某品牌名气大，代言人是当红明星，用户基于对该明星的喜爱，会购买该产品；某店铺销量好、好评率高，用户通过判断觉得该店铺可以信任，那么很可能会购买该店铺的产品。

可见，信任在一定程度上是用户与店铺促成交易的重要因素。客服作为店铺与用户之间联系的桥梁，要说服用户购买产品，也要取得用户的信任。

然而，建立信任并不容易，如果说客服说服用户购买了某一产品，这时，该客服与用户的信任还只是一时产物。真正的信任，是需要花费长时间来积累的。客服要赢得用户的信任，就要做到以下两点。

① 态度热情、友善。客服表现出来的人物形象是否热情、友善和诚实是用户判断该客服是否可以信任的基础。无论在哪种情况下，只要客服的态度热情、友善，就能很快地与用户拉近距离。

② 与用户保持联系。信任是需要时间慢慢积累的，客服要想与用户保持信任关系，就要注意与用户保持长期的联系，让用户多来观看主播直播，多与自己沟通。虽然在长期的沟通中，与用户从陌生到成为朋友很考验客服的沟通能力，但是，只要取得了用户的信任，以后说服的工作就会事半功倍。

在与用户保持长期关系时，客服注意不要把姿态放得太低，否则你在用户眼里的角色就会固化，那将很难成为朋友。

7.3.2 适当地给用户施加压力

直播间产品多样，用户面临很多选择，但是选择过多并不是一件好事，这意味着用户思考的时间会大大增加。在思考的过程中，往往容易出现多种打消用户消费的因素。

所以，客服在说服用户时，要在一定程度上给用户施加压力，让用户化被动为主动，坚定购物的决心。具体来说，可以从4个方面展开。

（1）强调折扣，分析差价

虽说"一分钱一分货"，很多时候价格与产品质量等密切相关，但是谁也不介意用更低的价格买到某件产品。所以，客服在与用户沟通的过程中，如果能够通过强调促销的力度让用户觉得买到就是赚到，那么推荐的产品对用户来说会很有吸引力。客服可以从以下两方面向用户强调促销力度，给予用户压力。

① 强调折扣。当折扣比较低时，部分用户的注意力更是放在了价格上，对产品质量自然就没有那么严苛。所以，客服在与用户沟通的过程中，如果能够适时突出产品的折扣，在一定情况下，可以引发用户冲动消费。

② 强调差价。虽然多数客服只是为用户提供一些咨询服务，并没有权利修改产品价格，但是客服可以将活动传达给用户，并对活动进行分析，强调差价，增加产品对用户的吸引力。

同时，产品受供求等因素的影响，价格上必然会呈现出一定的变化，所以，各阶段的价格会有差异。

此时客服如果能够用产品的历史价格，特别是较高的历史价格，与促销时的价格相比，就可以得到一个差价。而这个差价在用户看来就是主播或商家让利力度的重要体现。差价越高，就表示此时该产品价格越划算，用户自然更乐意下单购买。

（2）强调时间，短期优惠

为了获得更多流量，许多直播间都会以"秒杀"等形式，在限定时期内低价出售产品。通常来说，主播或商家制造的短期优惠，会在活动时间或产品数量上进行限定，一旦活动结束或是产品已经卖完，便会恢复价格。

所以，客服可以合理利用主播或商家制造的短期优惠，吸引更多的用户进行消费，再从活动时间和产品数量方面对用户进行购物引导，给用户施加压力，让用户抓紧时间完成购物。

例如，当某活动持续3天，而用户向客服询问时，客服便可以告知用户"还有X小时，本次活动将会结束……"，给用户营造紧张感。

又如，当用户向客服咨询某件产品时，客服在回答过程中，不着痕迹地透露出产品的剩余数量，利用饥饿营销的方法制造紧张感，那么用户考虑的时间会大大减短。

(3) 强调销量，提供佐证

在购物过程中许多用户都是带有明显的从众心理的，其中一个体现就是在购买产品时会选择销量相对较多的。仿佛只要买的人多，产品就一定是值得买的。所以，如果客服能够在沟通过程中，把握用户的从众心理，学会拿销量说事，便有可能起到意想不到的效果。

当然，拿销量说事也需要一定的技巧，如果只是一味地强调销量高，而不能提供有力的佐证，那么，客服所说的销量高在用户看来很可能毫无说服力。因此，客服要想借助高销量来引导用户下单，还必须得掌握一些技巧。例如，可以将销量具体化呈现、对特定人群中产品的销量进行说明。

① 将销量具体化呈现。说起冲泡型奶茶，可能许多人会想到某奶茶品牌。该奶茶品牌之所以为人熟知，其经典的广告文案"杯装奶茶开创者，连续六年销量领先。一年卖出七亿多杯，连起来可绕地球两圈"功不可没。

而人们之所以对这个广告语印象深刻，就在于它通过"连续六年销量领先""七亿多杯"和"绕地球两圈"等文字对销量进行了说明，让人们对产品销量有了一定的想象空间。

在与用户沟通的过程中，只是一味地强调产品销量高，而没有具体的数据做支撑，用户很可能会将客服的表达理解为是在自卖自夸。因此，在向用户传达产品销量高这一信息时，不应该仅仅停留在强调多的层面，而应该给出具体的数据，证明销量确实多。

② 特定人群中的销量。相比于产品总销量的多少，部分用户可能更关注的是产品在特定人群中的销量。例如，用户在直播间内买衣服时，可能更关注的是同龄人是否也喜欢这个款式。而此时，产品在年轻群体中的销量便成了该人群对产品喜好的重要体现。所以，客服可以满足用户的从众心理，用强调同龄人都喜欢的方式说服用户。

在这种情况下，与其向用户传达"月销量达2000件"，还不如说"该产品80%的用户为年轻人，这部分人的购买量达到1600件"。毕竟，在年轻人看来，还是同龄人的眼光更具说服力。

（4）表达可信，举例说明

俗话说得好："事实胜于雄辩。"任凭客服说得天花乱坠，如果没有具体事实做支撑，用户也可能认为客服只是在忽悠自己。所以，为了让表达更具说服力，还需提供一些例子做支撑。

需要注意的是，举例并不是将产品的相关信息全部如实告知用户，而是提供一些可以说明产品功用等方面信息的证据，让用户充分了解产品，达到促成交易的目的。

客服可以结合自身感受，向用户展现出产品的质量与功效，再用其他用户的反馈，提供一些具有说服力的案例，让用户做出购买产品的决策。

① 自身的使用感受。虽然用户可能在咨询前，就已经在直播间内观看过主播讲解产品，但是客服自身的使用感受是对产品质量、功效强有力的说明。一方面，使用产品之后，客服将感受融入表达中，可以让内容更显真实性。另一方面，如果客服长期使用某产品，那么，在用户看来，该产品的质量和功效应该还不至于太差。

当然，因为客服始终有一个产品销售员的身份在，所以，用户对于其使用感受存在质疑是很正常的。

② 其他用户的反馈。相比于客服的使用感受，其他用户的反馈更具说服力。所以，如果客服能在沟通过程中，用其他用户使用产品的案例，特别是一些可提供实证的案例进行说明，那么，在用户看来，该客服的表达便更具可信度。

另外，需要说明的是，客服在用其他用户的反馈信息进行举例说明时，应尽可能地让用户觉得真实。为此，应尽可能地对案例中人物的相关信息进行具体的介绍。

第8章

提高吸引力：
变用户为粉丝

直播能给商家的产品带来一定的曝光度，此时客服一定要把握好与用户沟通的机会。面对用户的让价或抱怨，客服不但要掌握相应的沟通技巧，还要运用一些策略留住用户。本章将介绍一些技巧，帮助客服更好地解决问题。

8.1 灵活沟通：光靠说话也能圈粉

要想成为一名出色的客服，需要有良好的沟通能力，这样才能应对用户提出的特殊问题，拒绝让价的请求。本节总结出一些灵活沟通的技巧，以及拒绝让价的方法，希望给客服提供借鉴。

8.1.1 灵活沟通需掌握的技巧

沟通是一门学问和艺术,在工作中,沟通极其重要,而且无处不在。不管是哪个平台的客服招聘广告,我们都可以发现其中有一个共同点,那就是要求客服有良好的沟通能力。因此,本小节将重点对灵活沟通的7个技巧进行解读,以期对客服有所帮助。

(1) 结合感受,适当渲染

与在实体店购物不同,用户在直播间购物时,只能通过视频看主播展示产品的使用情况,而不能真正地体验产品。因此,许多用户对于需要购买的产品的质量会持有怀疑态度。面对这种情况,如果客服要做到灵活应对用户的质疑,就要给用户传递高可信度的信息,具体可以从以下两方面展开。

① 结合感受表达。客服要让用户相信自己,所说的东西必须要有很高的可信度。相信很多客服在与用户介绍产品时,都是直接将产品说明书上的信息传达给用户的。这样的产品描述没有结合实际的生活使用场景,自然没有可信度。所以客服可以结合自身的使用感受,用真实的表达回答用户的问题。

② 进行必要的渲染。结合感受表达最大的好处就是真实,这种真实往往让用户觉得客服说的话可信度很高。不过,在结合感受的同时,再进行必要的渲染,说服力会更强。当客服结合自身的使用感受向用户介绍产品,可以适当渲染产品购买的好处,给用户沉浸式的购物体验。

(2) 语言灵活,学会反问

在服务行业中,客服要有快速的反应能力,语言也需要保持机动灵活。这要求客服在语言表达时,做到把握时机,合情合理地说出该说的话。在沟通中,不管遇到什么刁钻的问题,都能轻松化解,才算是成功地发挥出语言机动灵活的作用。对此,客服必须做到以下两点。

① 适时肯定。适时肯定用户,是做到语言机动灵活的策略之一。例如,当用户说"我看了直播,你们这个产品还不错啊!"如果客服只是简单地回应"这个产品确实不错",那么,用户仅仅是有这个产品还行的想法。如果客服回应"您眼光真好,本店的爆款产品一下就被您看到了",那么,用户除了觉得这个产品不错之外,还觉得自己的眼光非常独到。

② 学会反问。当用户提出某些问题时,客服如果一时答不上来,可以用反问的方法来回避问题。通常来说,部分用户在沟通中想要试探客服的专业水平,或者想要客服做出一些有利于自己的承诺,便会问出一些难以回答的问题,

这时，客服可以合理运用反问的方法。具体可以分为以下3种类型，如图8-1所示。

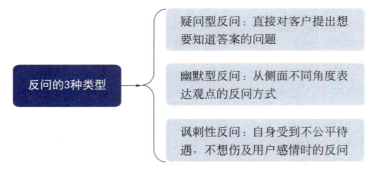

图8-1　反问的3种类型

部分用户在询问时，会提出一些没有经过思考的问题，如果客服不好直接给出答案，就可以利用幽默型反问，让用户意识到自身问题的不合理性。例如，当用户提出一些问题时，客服可以使用类似"您觉得呢？""您说呢？"的反问，让用户对自己提出的问题进行思考。

（3）突出优势，刺激需求

各直播平台中个人主播和商家主播入驻的数量庞大，以至于许多主播和商家都在打价格战，各色低价引流的产品数不胜数。一旦可选性非常多，用户在购物时自然就会有货比三家的想法。在这种情况下，客服必须要引导用户在自己店铺下单，减少流失率。具体来说，需要从两方面进行。

① 刺激用户需求。消费很大程度上来自需求，要让用户主动购物，首先客服需要向用户推荐符合其需求的产品，才能让用户产生兴趣，在合适的时机刺激用户需求，从而引导用户在店铺内下单。例如，客服可以通过产品的适用性说明、功能强化等方式，让用户看到产品的实用性，调动用户的购买欲。

② 突出价格优势。在直播间的用户群体，除了产品的实用性是他们考虑的范畴，价格也是用户购物时重点考虑的因素。所以，客服可以通过与其他平台价格的比较、满减、打折等形式，突出产品价格的优势。

客服还可以利用直播间内引流的低价产品与其他直播间的产品作对比，让用户觉得该直播间的产品价格水平与其他直播间的产品相比，价格更低一些。

（4）语言恰当，不要绝对

虽然部分客服认为在与用户沟通的过程中，满足用户的需求很有必要，这样更能显示出自己的服务优质。但是，如果客服为了满足用户的需求，就对用户百般承诺，就要承担非常严重的后果。所以，在与用户沟通时，需要规避以下两个问题。

① 表达太绝对。对于没有把握的事情，客服不要把话说得太满，如果用户下了单，售后也可能会引发一系列问题，这直接影响商家的信誉。

所以，客服一定要认清自己所处的地位。在与用户沟通的过程中应尽量使用灵活的语言，对不确定的内容适当使用"可能""也许""大概"等词，避免表达过于绝对。

② 轻易作出许诺。毫无疑问，作出许诺，能体现客服以及商家对产品的信心和对用户的重视，当许诺实现时，也能给用户留下好的印象。但是，如果许诺的事没有做到，那么，用户很可能会认为客服是在欺骗自己，并因此进行投诉。

所以，客服可以适当作出许诺，但是一定不能轻易许诺做不到的事。这既是对用户负责，也是为了避免给自己制造麻烦。

（5）巧妙否定，态度友好

用户经常会把一些让人为难的问题抛给客服，比如，把直播间的产品跟其他店铺的产品做比较，让客服给一个具体的说法。又比如，用户径自对产品发表个人看法，询问客服的意见。

对于用户提出的类似于"是不是""对不对"等问题，客服可能会感到左右为难，一旦直接否定用户，可能会产生不尽如人意的结果。面对这种情况，客服需要注意以下两点。

① 不正面回答问题。当客服遇到需要否定用户的情况，不要正面否定。在否定用户前，可以先做好铺垫，再引导用户回到主题，然后委婉地给出否定的答案，从侧面否定，有利于避免用户产生不良情绪。

② 态度要友好自信。在用户眼里，客服的态度代表着店铺与主播的态度，不管用户提出的问题有多刁钻，客服都必须保持良好的心态。在回答问题时，客服可以从侧面否定用户，但是态度要友好自信。

（6）巧妙肯定，语言幽默

大部分用户都会有虚荣心理，希望自己得到肯定或被认同。对于这类型的用户，客服可以在沟通中根据实际情况选择恰当的肯定方式，巧妙地肯定用户。

比如，在客服与用户已经建立了信任的前提下，可以用类似"是的""您说得对"的句子简单地肯定用户。但是，在用户与客服初次接触时，客服要用巧妙的方式肯定用户，以免让用户感受不到热情。

需要注意的是，客服肯定用户，要以引起用户的情感波动为目的，多用幽默或煽情的语言。

① 以引起情感波动为目的。客服肯定用户的目的是让沟通更加顺畅，从而为获得用户信任提供有利条件。所以，客服在肯定用户时，要以引起用户情感波动为目的。比起用"是的""对的"类似生硬的表达方式，使用更巧妙的肯定方式效果更好。比如，巧妙地赞美和鼓励用户。

② 多用幽默或煽情的语言。幽默或煽情的语言，是活跃气氛、缓和用户情绪的有力武器之一。客服用一些比较幽默、煽情的语言肯定用户，可以拉近用户与自己之间的距离，让沟通的氛围更加融洽。比如，可以用"没有问题""您又说对了""您问得好"等表达方式。

（7）适当附和，高效沟通

在沟通时，用户也会有偏离话题的时候，一些用户可能会向客服提出一些无关紧要的问题，并征询客服的意见，客服只需附和即可，无须在跟主题无关的事情上浪费太多时间。

① 在合适时机随口附和。多数时候，用户提出的无关紧要的问题，并不是想要客服给出答案，而是衡量客服的答案与自己的想法是否一致，从而了解客服的处事方法与自己是否有共同点。所以，客服在合适的时机附和用户，能达到提升与用户亲密感的效果。

② 语言与用户情绪一致。客服在附和过程中，要注意使用的语言流露出来的情绪要与用户的情绪一致。上文提到，用户衡量的是客服与自己是否有共同点，所以，当流露的情绪一致时，附和在一定程度上能提升用户对客服的认同感。

8.1.2 让用户欣然接受不让价

虽然直播间内的产品已经标明了价格，但仍有部分用户试图与客服还价。这更像是一种习惯，因为在用户看来，如果以产品的标价成交，主播或商家的利润空间相对较大，这就意味着自己要支付远高于产品价值的金额。

但是，对于主播或商家来说，店铺的销售模式以薄利多销为主，所以，客服要维护好店铺的利益，拒绝用户的讨价还价。本小节对8个拒绝让价的理由做简单分析，希望能给客服提供借鉴。

（1）强调优惠，比较价格

在购物时讲价，似乎已经成了用户的一种习惯，所以，客服在与用户沟通的过程中，需要重点向用户传达一种信号，那就是产品已经是优惠价了。

利用这样的表述，客服可以让用户知道，该价格已经是底价了，就可以有效地避免用户的讨价还价。具体来说，需要从两方面比较价格，强调优惠。

① 与过往价格比较。大多数产品的价格都会随着时间的变化而出现一些变化，通常来说，产品刚面世时价格都是比较高的，但是，慢慢地，在一部分人已经购买了该产品之后，市场对该产品的需求减少，产品的价格也会随之下降。

所以，产品销售一段时间之后，价格可能会出现明显的下降，如果此时客服能够将两种价格告知用户，用户便能比较直观地把握产品的降价幅度，甚至会认为产品确实已经是比较优惠了。

② 与市场价格比较。用户在购物时大多都有货比三家的习惯，因为通过直播购物无法直观地看到产品实物，所以，部分用户会将关注的重点放在价格上。同样的产品，哪个产品的价格越低，就越容易得到用户的关注。

针对这一点，客服在与用户沟通的过程中，可以将产品的价格与市场的普遍价格做比较。如果直播间的产品价格明显低于市场均价，用户自然相信产品的价格已经是优惠价，从而打消讨价还价的念头。

（2）展现价值，突出优势

用户之所以喜欢与客服讨价还价，除了习惯之外，还有可能是因为用户看不到产品的价值。如果客服能够在沟通的过程中向用户展现产品的价值，并突出价格优势，用户也就不会再想着讨价还价了。

例如一件衣服，客服可以在品牌、原料和设计等方面多加渲染，让用户看到产品的成本。还可以从以下3个方面展开，如图8-2所示。

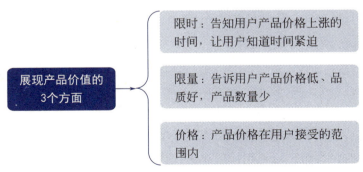

图8-2　展现产品价值的3个方面

（3）销售火爆，库存有限

一件产品的价格虽然是由它的价值决定的，但是也会受到供求关系的影响，如果某产品数量有限，用户可能会觉得再贵一点也能接受。因此，当用户想要讲价时，客服可以向用户施加压力，暗示产品很抢手，如果不及时出手，很可能会买不到。这样一来，用户想的可能是如何抢到货，而价格上稍高于预期也就显得不那么重要了。

（4）多买产品，可以优惠

直播间之所以可以吸引大量用户，就是因为产品的售价相对较低。但是，产品价格再低，也不能低于成本价，所以，面对讲价的用户，客服一定要守住价格的底线。

当客服面对态度强硬的用户来讲价时，可以通过多买才有优惠委婉地拒绝让价。首先，因为优惠有数量上的要求，而大部分用户可能只有购买一件产品的需求，所以，这便能很好地起到拒绝让价的作用。

其次，在用户看来，如果商家某产品的利润空间很大，为了获得更多订单，客服肯定会适度给出优惠。而多买才有优惠则证明商家某产品的价格可能已经没有降低的余地了。在这种情况下，用户自然便会打消讲价的念头。

当然，如果用户单次购买产品的数量达到了给出的数值，客服就要给予其承诺的优惠。所以，如果客服仅仅只是拒绝让价，实在不想给出优惠，就可以通过适当提高优惠门槛的方法，让用户知难而退，放弃讲价。

（5）价格统一，无法更改

归根结底，用户之所以会选择在与客服的沟通过程中讲价，不外乎两个原因，一是认为产品的价格偏高，二是觉得客服对于产品的价格有决定权。

因此，如果客服明确告知用户，价格是由公司规定，自己是没有决定权的，那么，用户自然不会与客服讨论价格了。

（6）强调公平，委婉拒绝

因为直播间内产品的标价所有用户都能看到，所以成交价是否与标价一致便涉及用户间购买产品的公平与否的问题。当用户试图讲价时，客服可以以公平对待每位用户为理由，拒绝让价，这是从用户的角度出发看问题的一种方式。

如果部分用户觉得是否公平与自己无关，自己关心的是如何更好地维护自身利益。此时，客服可以巧用换位思考，让其更好地体会为什么不能让价。具体来说，需要做到以下3点，如图8-3所示。

图8-3 客服如何做到换位思考

同时,客服还可以让用户体会不被公平对待的感觉。例如,可以以实际案例来向用户讲述事实,给用户自行想象的空间。在这种情况下,用户自然能体会到让价造成的不公平。

(7)适度诉苦,博取同情

客服在日常工作中可能遇到这样的用户,即使主播已经给了他们一些优惠,他们还是不满足,而是向客服不停地诉苦。客服可能会因为情绪受到感染,出于同情,作出让步。这一类用户实际上是在利用客服的同情心,达到讲价的目的。

既然用户可以向客服诉苦,那客服也可以向用户渲染自己的不容易,让用户换位思考,理解自己的困难,来博取同情。

例如,当用户诉苦时,客服如果在表示理解的同时,向用户传达自己更加困难的信号,就会引起用户的同理心。这时,用户出于对客服的同情,可能即便是多花一些钱也会觉得无所谓。

(8)给予赠品,显露不舍

让价是比较直接的一种满足用户贪婪心理的方式。但是,很多情况下,客服不想或者说不能直接让价。在这种情况下,不妨采取"曲线救国"的方式,从其他方面满足用户"占便宜"的心理。例如,可以改为给用户赠品的方式,具体来说,在赠送赠品时,客服可以适当地突出赠品价值,表露出不舍的意味,让用户觉得自己占到了便宜。

8.2 消除抱怨:增加用户的满意度

如果用户就购物过程中出现的问题向客服抱怨,就说明对购物的满意度很低。此时,如果客服处理不好,便有可能激化矛盾。如果客服能够正确处理抱怨，则能在消除抱怨的同时，通过沟通获得用户的好感、增加用户的满意度。本节将介绍消除抱怨的主要步骤，并总结出消除抱怨的方法。

8.2.1 消除用户抱怨的主要步骤

凡事都有一定的解决方法，消除抱怨也是如此。如果客服能够以相对合适的步骤，循序渐进地与用户进行沟通，用户通常更容易接受客服的表达，进而对商家和客服多一分谅解。本小节将向读者分析消除抱怨的主要步骤。

（1）调整情绪，带动用户

当用户就购物中的问题向客服抱怨时，他们的情绪很可能是负面，甚至是压抑的。此时，由用户负面情绪引导的沟通气氛对双方来说都非常不利。对此，客服可以适当对气氛进行调节，让沟通以相对舒适的方式进行，具体来说，需要做到以下两点。

① 做好自我情绪的调整。当向客服抱怨时，受到情绪的影响，用户可能会说出一些不好听的话，甚至会让客服觉得受到了侮辱。面对这种情况，客服需要积极地调整自身情绪，尽可能地屏蔽用户传达的负能量。因为如果不能调整好自己的情绪，很可能会与用户产生矛盾，会让事情变得更糟糕。

② 消除用户的负面情绪。抱怨的用户，情绪通常都很消极。所以，为了营造出轻松的沟通氛围，客服在调节气氛时需要将消除用户的负面情绪作为工作的重点。

当然，在消除用户负面情绪的过程中，需要采取合适的方式。例如，适当示弱，向用户表达真诚的歉意，谈论用户感兴趣的话题转移用户注意力，这样一来，用户的情绪会慢慢得到缓解。具体来说，消除用户负面情绪的方法有3种，如图8-4所示。

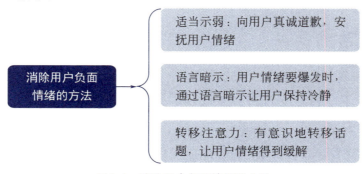

图8-4　消除用户负面情绪的方法

（2）承认不足，以退为进

绝大部分情况下，用户之所以向客服抱怨，很可能是购物过程中遇到了一些不愉快的情况。因此，客服需要明白的一点是，不管造成用户不愉快的原因是什么，都要第一时间跟用户道歉。

此时，如果客服再不适当地示弱，用户的情绪会更加容易被刺激。这不仅不能解决问题，还会让矛盾升级，一发不可收拾。具体来说，面对用户的抱怨，客服需要做到以下两点。

① 先承认不足。很多时候，用户的回应取决于客服的态度。所以，客服在消除用户抱怨的过程中一定要端正自己的态度。无论己方有理还是无理，都要主动先道歉。客服只有主动承认错误，才能让用户配合自己解决问题。

② 学会以退为进。当然，对于用户的抱怨主动承认不足是很有必要的，但是，仅仅承认不足并不能解决问题。还应该采取的策略是以退为进，在道歉时，为自己争取思考的时间，尽快寻找解决问题的方案。

（3）引导用户，找到症结

虽然不排除部分用户会借题发挥，抱着购物过程中某些不要紧的细节向客服抱怨。但是，在绝大部分情况下，用户之所以会向客服抱怨，是购物过程中确实出现了一些问题。

所以，只有在找到问题的症结之后，客服才能针对性地解决用户的问题，消除用户的抱怨，让其对购物更加满意。

例如，可以直接通过多次提问逐步明确用户遇到的问题；也可以在对用户的表达内容进行分析的基础上，结合自身经验，判断其可能遇到的问题，并通过试探性的询问进行确认。

（4）积极配合，解决问题

客服作为服务提供者，为用户提供服务，解决用户的问题是一种义务，更何况用户是在直播间内购物的过程中出现了问题。

所以，无论从哪一方面考虑，积极配合用户解决问题都是在沟通过程中必须要做的一件事。具体来说，客服需要做到以下两点。

① 积极地回应。积极承担责任，让用户觉得客服是勇于承担责任的人，并且是愿意帮助用户解决问题的。例如，客服可以自己总结出一个具体的流程，当用户寻求帮助时，可以通过安抚用户的情绪，通过耐心的询问了解用户遇到的具体问题，再帮忙做出解答。

② 了解用户想法。当用户对购物过程中出现的问题向客服抱怨时，为了增

加用户的满意度，客服需要适时倾听用户的意见，了解其想法，然后，再结合实际情况，采取相对合适的解决方案。

（5）回访用户，维持感情

当客服已经帮助用户解决问题后，还要把这些问题记录下来，并在几天后对用户进行回访。回访时，需要注意以下两点。

① 引导用户关注主播。客服需要明白的是，虽然消除用户抱怨是工作职责之一，但是，引导用户关注主播，给直播间增加人气，提高产品销量才是最终目的。因此，消除用户抱怨之后，还要考虑到利用用户来达到利益的最大化。

所以，客服在回访用户时，可以适当与用户寒暄，询问用户近期使用产品的情况，再把握恰当的时机透露店铺直播的时间以及直播的优惠活动，让用户关注直播间。

② 避免表露出功利性。客服在回访用户时，难免会带有一定的功利性，却不能表露出来。虽然回访的目的是让用户关注主播，但是，如果用户拒绝关注，客服也不要太灰心。

回访只是与用户联系感情的手段之一，对于防备心强的用户来说，即使已经回访过很多遍，也不一定能让其关注主播。面对这种情况，客服需要做的就是避免向用户表露自己的目的，认真对待每一次回访，用行动慢慢打动用户。

8.2.2 这样消除抱怨效果更好

处理事情都是需要技巧的，如果掌握了技巧，不但能提高办事的效率，更能取得相对较好的效果。消除用户的抱怨也是如此，只要掌握了技巧，不但可以平息用户的怨气，还能让用户对客服产生好感。对此，对消除抱怨的6个技巧做出解析。

（1）征询意见，体现尊重

在沟通过程中要尽可能地提高用户满意度，而要让用户满意就必须要听取用户的建议，所以，客服应适时征求用户的意见。

与客服自行解决问题不同，在沟通过程中征求用户的意见可以让用户的心声得以表达，用户也能因此获得应有的尊重。这无论是对了解用户的诉求，还是增加用户的满意度都是有好处的。

（2）多种方案，提供选择

面对抱怨的用户，客服在沟通过程中还需讲究一定的技巧。既要让用户看到客服的态度，又要为用户提供合适的解决方案。对此，客服要消除用户抱怨，需要从以下两方面展开。

① 直面用户的抱怨。客服需要直面问题，承认己方的不足，并积极为用户寻找解决方案。在此过程中，直面问题既是解决问题的前提，也是增加用户满意度、提高客服工作效率的必要步骤。

② 提供多种解决方案。客服需要做的是多给用户一些选择，让其选择相对适合的一种解决方案。谁都有趋利避害的心理，用户自然也不例外。如果客服为其提供了选择，用户便可选择自认为更好的方案。

（3）给予补偿，作出保证

由于在购物过程中出现了一些不愉快，所以，有时候即便客服为用户提供了解决方案，用户也会因为之前的遭遇对客服的话语抱有怀疑态度，认为客服未必能说到做到。

因此，为了取信于用户，也为了更有效率地解决问题，客服在与抱怨型用户沟通的过程中应该适当地做出保证，并给予用户一定的补偿。除了承诺给补偿之外，客服往往还需要保证不会再犯同样的错误，尤其是在当用户表示还有购物意愿的情况下。

例如，当用户遇到发错货的情况时，客服能对此事作出补偿，用户自然是乐于见到的。但是，用户更在意的可能是会不会再次发错货。所以，在这种情况下，保证不再犯同样的错误，可能比承诺给补偿更重要。

（4）顺应用户，忍受情绪

在沟通过程中，用户在抱怨时很可能会将怒气发泄在客服身上。因此，客服需要做的是尽可能地顺应用户，要相信只要服务态度足够好，用户的怒气总会消除。

相反，如果客服与用户对着干，不但不能解决问题，还会让事情变得更加糟糕。所以，当用户把怒气发泄在自己身上时，客服需要做到以下两点。

① 忍受用户的小情绪。顺应用户首先要做到的是忍受用户的小情绪。当购物过程中出现问题时，部分脾气不太好的用户可能会有一些小情绪，如埋怨、愤怒等。而在这些小情绪的影响下，用户可能会说出一些不太好听的话。客服需要多一分谅解，不能与用户争论，否则，很可能会导致用户产生不满的情绪。

② 答应用户的合理要求。当在购物过程中出现问题时，用户会习惯性地认为责任在商家，所以，会对客服抱怨，或者提出一些要求。

这时，客服需要明白的是，沟通的主要目的是消除用户的抱怨，而要做到这一点，付出一些代价是少不了的。如果用户的要求还算合理，客服只需顺应用户，答应其要求即可。

（5）口头表扬，给出奖励

适当地给出奖励是调整用户情绪，促进问题解决的一种有效手段。当用户抱怨时，客服如果能以谦逊与感恩的心态接待用户，并以其抱怨对商家工作的改善有益为理由，给用户一些口头的表扬和物质奖励，那么，用户心情可能会有所转变。

（6）借力上级，解决问题

通过沟通帮用户解决问题是客服的职责所在，客服应该尽可能地通过自身努力，来消除用户的抱怨与投诉。

但是，客服的力量毕竟是有限的，遇到突发情况时，就需要通过其他方案来解决问题了，例如，借力上级。但是，这个方案需要客服在遇到以下两种情况时，才能使用。

① 用户执意找上级。当用户要找客服的上级时，客服作为一位服务的提供者，是需要顾及用户的意愿的。客服可以适当满足其需求，如果不能满足用户，可以自己扮演领导的角色，注意改变说话的风格来与用户沟通。

需要注意的是，当用户尚处于抱怨的状态时，如果其要求得不到满足，很可能会让事情变得更加难以收拾。所以，客服自己要衡量其中的得失。

② 自身解决不了问题。客服只是一个员工这样的小角色，能行使的权力很可能是比较有限的。但是，用户并不会考虑客服到底有哪些职权，而只是希望事情能以自己预期的方式解决。

因此，用户很可能会在沟通过程中提出一些客服不能解决的问题。在这种情况下，客服就需要及时向上级反映，并通过与上级的沟通，找到一个可行的解决方案。

8.3 用户留存：让用户舍不得离开

用户的数量是主播直播带货的关键，其中，用户的留存又直接影响商家的销量。所以，客服要着重维护好与用户的关系，提高用户的留存率。

客服在与用户沟通的过程中需要着重做好两方面的工作，一是给用户营造极致的购物体验，二是运用沟通策略将用户牢牢拴住。

8.3.1 给用户营造极致的体验

用户的体验是影响直播间用户留存率的一个重要因素。用户在完成一次购物之后是否愿意再光顾，从一定程度上来说，取决于其在这一次购物过程中是否有良好的体验。如果客服能够营造极致的用户体验，那么，用户在下次有购物需求时会更愿意再来。本小节总结出3个营造良好用户体验的方法。

（1）服务优质，留好印象

人与人交往的过程中，第一印象非常重要。"第一印象"指的是人与人交往时对他人最开始的印象。这种印象是鲜明的、稳固的，而且很大程度上决定着双方此后的交往。

如果用户对直播间内产品的第一印象很好，那么，用户便有可能成为主播或商家的粉丝，持续贡献购买力。而在此过程中，产品的服务是否优质尤为重要，所以，这要求客服有非常高的服务意识。具体来说，可以从两方面入手。

① 多着眼于细节。俗话说得好："细节决定成败。"无论做什么事，细节都是不可忽视的。在与用户沟通的过程中，客服如果能够把握用户表现出的一些细节，并针对性地提供服务，用户会觉得你的语言可信度比较高。

客服的服务之所以可以获得用户的好评，很大程度上就是源自对细节的把握。正是因为对用户细节的把握，客服才给用户推荐了合适的产品，赢得了用户的好感。

② 做好第一笔交易。正如前面提到的，第一印象的影响是深远持久的。因此，客服在面对与用户的第一笔交易时，一定要用心一些。因为一旦客服在与用户的第一笔交易中建立了好印象，用户就会有再来购买的想法。

为了做好第一笔交易，客服可以在产品之外再多花一些小心思来增加用户的获得感。例如，可以在快递中加放感谢信表达商家的诚意、通过赠送产品增加购物的附加值。

（2）满足需求，个性服务

对于用户来说，各直播带货平台上的直播间不计其数，很多主播或商家都在卖同类产品，所以，在这种情况下，用户缺的不是一个能满足其购物需求的地方，而是一个能够与自己的特定需求相符的提供接近于定制服务的购物场所。

因此，客服需要做的不应该是简单地为用户推荐产品，而应该是在满足用户特定需求的基础上，为用户提供更加个性化的服务。

只有这样，用户才能看到商家与众不同的一面，并基于这一点再次前来购物。具体来说，可以从以下两方面展开。

① 满足特定需求。每个用户都是一个独特的个体，即便是购买同一类东西，不同用户都可能会有一些不同的要求。如果在沟通中，客服能够满足其特定需求，自然能够得到用户的信任，用户也更容易接受客服的推荐。

另外，当特定需求被满足时，用户不仅会在某一次沟通中坚定购物的决心，还会觉得客服是有水平的，商家是有实力的。这样一来，用户对于客服和商家会有一定的好感，这种好感又可以从一定程度上激励用户在下次购物时继续选择该商家，由此商家便获得了用户的持续购买力。

② 提供个性服务。除了对要购买的产品有要求之外，用户对于客服的服务也会有一定的要求。客服如果想要通过沟通给用户留下深刻且具有好感的印象，还需要根据用户的特质提供个性化的服务。在进行个性化服务之前，需要了解个性化服务所要经历的4个过程，如图8-5所示。

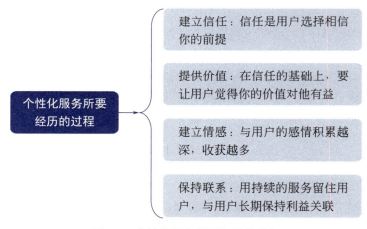

图8-5　个性化服务所要经历的过程

（3）了解需求，及时调整

随着时代的发展，用户对于产品和服务的需求可能会出现一些变化。在昨天看来还是潮流的元素，可能今天就过时了。对于过时的东西，即便商家以低价出售，用户也不一定会接受。

所以，为了更好地满足用户的需求，客服在日常工作中还需要通过一定的方法了解用户对产品和服务的需求，并据此及时地进行调整，从而与时俱进地为用户提供服务。

例如，客服可以通过电话回访的方式倾听用户的意见。当然，了解用户需求的方法多种多样，除了电话沟通之外，还可以采取网上在线沟通和问卷调查的方式。

要将用户留住，不仅仅是要知道用户需要的是什么，还要尽可能地及时根据用户的需求作出调整。另外，用户可能并不重视问卷调查，所以，客服要让用户看到商家对于调查的重视。对此，客服可以在根据用户的建议完成调整之后，及时告知。这样一来，用户就会因为被重视而更加愿意长期光顾。

8.3.2 利用策略牢牢拴住用户

主播在一定程度上能为商家带来一些用户，但是，要留住用户，还得客服用策略牢牢拴住。而要做到这一点，除了商家自身表现出来的优势之外，更关键的还是让用户看到商家的潜在优势。

如果客服在沟通过程中能够运用一些策略，让用户看到商家潜在的优势，那么，用户在有购物需求时，也会将商家作为首选。对此，总结出6个拴住用户的策略，以期帮助客服做好用户留存工作。

（1）推送福利，增强黏性

严格来说，福利都是商家直接给用户提供的，其实，除了这种方式之外，商家还可以通过不定期地举办一些活动，让用户参与其中，从而让用户获得更多的福利，增强用户的黏性。客服要做的就是扮演好宣传者的身份，及时将商家的活动信息发布出去，在沟通过程中适时告知用户，并引导其参与其中。具体来说，需要做到以下两点。

① 营造福利多的感觉。商家可以多举行一些活动，适时送出一些福利。客服可以在宣传活动的同时，适度在价格上作出一些让步，或者给出一些赠品，让用户觉得购物更划得来，从而提高回头率。

② 及时推送信息。有时候即便商家通过举行活动给用户提供了一些福利，却没有起到太大的作用，这可能不是福利的力度，而是没有将活动告知用户。因此，及时推送消息，让用户了解活动的详情是关键。

在与用户沟通的过程中，客服一定要及时推送活动信息。这是客服完成本职工作的表现，有利于激发用户的购物需求，对活动起到很好的预热作用。

(2) 利用品牌，赢得信赖

用户在购物过程中重点关注的因素主要有两个，一个是产品的价格，另一个是产品的质量。而在大多数用户看来，大品牌的产品质量通常更可靠一些。所以，利用品牌效应也是一个增加用户黏性的常用策略。

当然，作为与用户直接进行沟通的卖家代表，客服的引导是非常关键的。在与用户沟通时，客服还需要利用好品牌效应，让用户对商家的产品多一分信心，让用户把商家当成一个可以信赖的购物场所。具体来说，可以从以下两方面入手。

① 增强品牌说服力。要利用品牌效应增加用户的黏性，首先需让用户对品牌有足够的信任。所以，客服在与用户沟通的过程中，还需要通过自身的表达，增加品牌的说服力，坚定用户对品牌的信心。

② 塑造商家形象。网购的一大优势是产品的种类多，用户的选择多。但是，这其中也有一些产品的质量是不过关的，甚至有一些商家在销售假冒伪劣产品。因此，即便商家出售的是大品牌，用户对于产品的质量仍有可能会心存疑虑。

所以，客服在利用品牌效应的同时，还需要让用户看到商家自身的情况。需要通过展示积分、评价和商家销量等方式，塑造一个产品质量过硬的商家形象。

(3) 巧用回访，增加联系

对于客服来说，沟通就是最好的武器。然而，在现实生活中，许多客服在用户完成购物之后，便不会主动联系了。

虽然回访不能像售中沟通那样直接起到增加销售的作用。但是，它对于维护用户关系，获得持续的购买力以及增加用户的好评意义重大。具体来说，客服在回访用户时，要注意以下两点。

① 注意自身的表达。在与人沟通的过程中都是讲求一定的礼仪的，客服回访用户也是如此。为此，客服需要特别注意自身的表达，让用户在了解来意的同时，主动配合完成回访。例如，当说明来意之后，可能用户会表现出不愿意配合的态度。此时，客服便可以提前告知用户回访所需时间，并声明不会给用户带来太大的麻烦。

② 显示对用户的重视。对用户进行回访的最终目的还是通过增加联系，让

用户对客服及商家产生好感，并促进再次消费。为此，客服可以适时强调商家对用户的重视。

一方面，这能让客服的话更有说服力，使用户更加配合客服的回访工作。另一方面，也能让用户觉得自己在商家心中是有地位的，而为了维护这种感觉，用户势必会更愿意在该商家进行购物。

（4）商家活动，及时告知

优惠活动是有时效性的，所以，在商家优惠活动开始前，客服就要做好通知准备。当商家活动开始前的几天，客服可以先通知用户具体的活动内容，在用户有疑问时做好答疑工作，为活动开始做预热的准备。

客服在通知用户的过程中，需要注意活动的时效性，跟用户事先说明活动的时间，以及参加活动的人数，给用户营造紧张感。

① 注意活动的时效性。优惠活动是具有时效性的，商家活动的影响力在不同时间段有较大的差异，所以客服在活动开始前就需要把活动内容通知给每一位用户。

一方面，提前通知用户，可以让用户提前做好购物的心理准备，也有足够的时间思考需要购买的东西是什么。另一方面，如果客服在活动进入尾声时，才把具体的内容告知给用户，只会让用户觉得活动形式太过随便。

② 注意营造出紧张感。客服在告知用户具体的活动内容时，可以适度渲染营造出紧张感，让用户对活动有所重视。例如，优惠活动的时间有限，参加活动的名额有限，以及产品库存有限等信息，都可以向用户提前透露。

（5）创建社群，积极促活

越来越多的商家为增强市场竞争力，开始把运营社群作为提高产品复购率的重要手段，对于客服来说，主播在直播时，可以增加自家产品的曝光度，正是引导用户加入商家社群的好时机。运营商家社群，是一个机遇，也是一个挑战。所以，客服要利用社群增强用户黏性，需要做到以下两点。

① 抓住痛点引导入群。对于客服来说，引导用户入群并不容易。客服与用户毕竟只是线上沟通，用户虽然在店铺内购买过产品，但是与客服并不一定就建立了信任的关系，所以，对客服的话，用户不一定会相信。

对此，客服人员在通知优惠活动前，可以先与用户进行一个简单的沟通，对用户有个大概的了解，先找到用户的痛点，再组织好引导入群的语言。例如，可以用入群有优惠、红包以及返现来引导其入群。需要注意的是，客服不要在平台上引导，可以通过电话跟用户联系。

② 社群内保持积极互动。不管社群内有多少用户，如果这个社群活跃不起来，将很难达到创收的目的。所以，客服要保持群的热度，对社群进行管理。

例如，可以每天在群里发起有争议性的话题，跟用户聊起来，保持互动，或者在某个时候做优惠的活动，引导用户下单，又或者在用户闲暇的时间里，定时分享一些内容吸引用户注意力。具体来说，要想让社群持续保持活跃状态，需要掌握3个技巧，如图8-6所示。

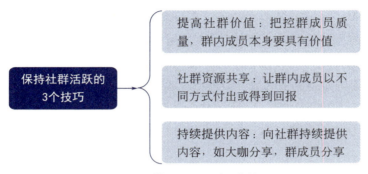

图8-6　保持社群活跃的3个技巧

需要注意的是，保持社群活跃并不是一件容易的事，客服需要有足够的耐心以及毅力，才能把社群做好，为商家带来创收。

（6）借助客服直播，增强互动

近年来，直播带货的影响力大家有目共睹，越来越多的商家开始加入直播大军，对于商家来说，这无疑是一个能带来红利的好机会。但是，随着直播带货的迅速发展，其中，带货产品的质量受到了更多人的关注。所以，产品的售后服务对于用户留存就显得非常重要。

以淘宝平台为例，对于淘宝的客服来说，可以借助客服直播的方式，提高服务工作的效率。客服直播是淘宝平台推出的服务类商家的直播工具，利用这个工具，客服可以通过视频与用户进行交流。借助这种直播形式，可以让用户进店就感受到门店购物的氛围，这有利于增强商家与用户之间的黏性。具体来说，借助客服直播来增强用户黏性，留住用户的优势可以体现在两方面。

① 借助客服直播增加信任。客服直播的沟通方式与打字沟通的方式相比，更具人性化，更能让用户对主播的信任转化为对商家品牌的信任，给用户带来一定的购买力。所以，客服在一定程度上，可以借助客服直播的功能，与用户

增强互动，从而建立起信任的关系。

② 营造沉浸式的购物场景。沉浸式的直播场景在一定程度上能够影响用户的购买意愿。在直播间中，用户可以直观地感受到线下门店的导购互动，并且通过互动的方式，用户可以面对面看货咨询，让消费体验得到升级，无形中刺激用户进行消费。

第9章

售后好评：谋求良性发展

作为一名客服，要对产品的售后服务进行把关，获取好评、处理差评以及解决投诉等都是做好售后服务的工作体现。这有利于谋求店铺及主播的长远发展。本章将分享一些获取好评、处理差评以及解决投诉的技巧，同时，对投诉不可触碰的禁区进行详细分析。

9.1 好评获取：轻松获得无数点赞

在直播间购物时，多数用户面对如此多的选择，有时候很难做出最终的决定。这时，用户往往会受从众的心理影响，选择购买好评多的产品。

虽然一些直播购物平台的评价是以星级水平为评判标准，没有好评差评之分，但是，用户评价的内容是可以分好坏的，好的评价，往往能够吸引更多用户下单。

由此可见，一个店铺产品的评价，可以影响产品的销量，甚至影响店铺和主播的口碑。本节将向大家分享一些利用服务获得用户点赞、通过利诱赢得用户好评的技巧。

9.1.1 凭借优质服务获得点赞

对于客服来说，要想让店铺以及店铺主播获得好口碑，就必须做到身体力行，从服务抓起，做好自己的本职工作。服务的优劣影响着店铺及主播的发展，客服要想凭借自己优质的服务获得用户点赞，必须要做到以下4点。

（1）找准目标，争取好评

在观看直播时，作为买方的用户通常占据主动地位，购物的评价最终也是由用户作出的。所以，客服如果要获得如潮好评，助推产品的成交率，就需要找准目标用户群，知道哪些人是需要产品的，哪些人比较可能给产品好评。要想找准服务目标，需要从两方面展开。

① 找有需要的用户。每件产品都有一定的适用性，客服如果将产品卖给不需要的用户，那么，用户很可能会因为不满意而给出中评，甚至是差评。这种情况下，产品的好评率势必得不到保障。

因此，做好用户定位的目的一方面是为客服指明方向，让客服有针对性地进行营销；另一方面也是让产品能到真正需要的人手中，在物尽其用的同时，增加用户的好评率。

② 根据用户信用沟通。不同的用户面对评价可能习惯不尽相同，有的用户购物完成后懒得去评价，有的用户可能会习惯性地给好评，但也有部分信用不太好的用户，可能会鸡蛋里挑骨头，稍不如意就给差评。在这种情况下，如果客服要保证产品的高好评率，就需要在用户下单之前先摸摸用户的底。

（2）消除疑虑，争取好感

与在实体店购物不同，通过直播购物时，用户毕竟是无法亲自验证产品的。这无形之中就让用户对产品多了一分疑虑。对于这种情况，最好的策略就是积极地进行引导，带领用户完成购物。这不仅可以节约彼此的时间，还能让用户在接受帮助的过程中，对客服产生好感，为用户购物体验加分。具体来说，客服要消除疑虑，就要先理解用户的疑虑，扮演好引导人的角色。

① 理解用户疑虑。虽然用户对直播间内的产品有疑虑，但既然用户愿意与客服进行沟通，就说明用户还是有购买意向的。所以，在打消用户疑虑之前，

客服需要有一个良好的心态，才能驱使客服扮演好引导人的角色。

例如，当用户对自己店铺产品产生疑虑，而说出一些不好的言论时，客服是应该理解用户，还是为维护店铺而对用户恶言相向呢？此时，客服的处理方法将对用户产生很大的影响。如果客服打消了用户的疑虑，便可以让用户对接下来的购物更有信心。

② 扮演好引导人的角色。虽然打消了用户的疑虑，用户对即将购买的产品可能有了一些信心。但是，对于该店铺中的产品，用户的了解并不充分。所以，即便有了明确的要求，用户也不一定能找到适合自己的产品。这时，客服还需扮演好引导人的角色，适时给用户推荐合适的产品。

例如，客服可以积极引导用户观看回放，让用户仔细观看主播的产品讲解，对产品有更深的认识，同时，可以展现产品细节，给用户发一些无滤镜的产品实拍图，消除用户的疑虑。

（3）及时回复，顺势引导

说到时效性，可能大多数人首先想到的是新闻，其实，客服与用户的交流同样具有很强的时效性。对客服来说，时间就是业绩，越及时回复，引导用户完成交易的时间就越短。

除此之外，客服回复用户的速度，直接影响用户对客服以及店铺服务的印象。具体来说，客服要用优质的服务让用户对自己或店铺留下好印象，就需要及时回复用户问题，并顺势引导用户找到需要的产品。

比如，当某用户说"我觉得A品牌的咖啡还不错"，客服就应该意识到该用户对A品牌的咖啡是有好感的。这时，可以向用户推荐A品牌的咖啡，积极强化用户的购买欲。但在引导用户时，客服要注意不要让用户察觉到自己的动机，具体来说，需要注意两点，如图9-1所示。

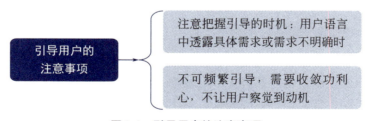

图9-1　引导用户的注意事项

（4）服务态度，表里如一

用户在直播购物后，部分客服会主动邀请用户给予好评，其中，不少客服利用热情的态度与说话艺术赢得了用户的好感，达到了获取好评的目的。

然而，当用户使用产品遇到问题咨询客服时，客服却态度冷漠，对问题抱着逃避的心理。客服需注意，帮助用户解决问题是客服的职责之一，无论问题内容是否在你所能回答的范围之内，都要认真给予回应。在回复时，要注意语气委婉、有感染力。

直播带货行业竞争激烈，决定产品销量的因素并不仅仅是产品的价格，还有产品的配套服务。然而，许多客服往往没有意识到这一点，在服务用户时过于功利性，不注意自己的服务态度。

9.1.2 通过适当利诱赢得好评

任何时候，适当的利诱，都是赢得好评的重要方式。用户对于免费或优惠的产品，向来是没有抵抗力的。本小节将介绍4个通过利诱赢得好评的技巧。

（1）优惠利诱，吸引好评

客服需要明白，是否给好评最终还是由用户决定的，即便产品达到了要求，用户因为自身情绪的原因，也有可能会给中评，甚至是差评。

所以，客服要想的一个问题就是，怎么让用户给好评。比较简单有效的一种解决方法就是通过好评有优惠进行利诱。要想做到用优惠来吸引用户的好评，客服需要注意以下两点。

① 提出优惠获取需求。既然客服给用户再购优惠的目的是获得好评，那么，就需要确保用户给的是好评，而不能仅仅以用户的口头承诺作为标准。所以，客服还需要提出一些评估好评的要求。

比如，可以将好评截图作为标准，只有好评并截图的用户才可享受再购优惠，这样便可很好地保证用户给的是好评。

② 增强优惠的吸引力。当客服承诺好评再购给优惠时，大部分用户可能会为了优惠给出好评，但是，这需要客服给出的优惠对用户具有足够的吸引力。当然，店铺毕竟是要盈利的，所以优惠的力度比较有限。如果客服要用优惠吸引用户给好评，就需要一些表达技巧。

例如，可以告知用户，店铺的优惠只在限定的时间内才有，用户需要在限定时间内及时给出好评。这样用户便会感觉到优惠难得，从而产生紧张感。要增强优惠的吸引力，客服可以参考以下3个技巧，如图9-2所示。

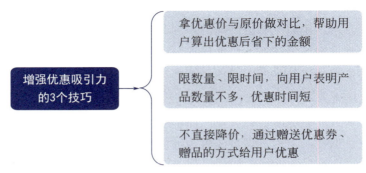

图9-2 增强优惠吸引力的3个技巧

（2）敢于承诺，及时兑现

在沟通过程中，适时对用户作出一些许诺，既能起到坚定用户信心的作用，也能看到客服对交易的诚意，让用户基于好感，给出好评。正因为如此，许多客服都会乐意作出一些许诺。当然，许诺也不是不可以，但是一旦许诺了，就必须兑现。这不仅是客服言而有信的体现，更关系到店铺在用户心中的形象。客服许诺时，需要做到以下两点。

① 敢于作出承诺。虽然客服作出许诺只是为了引导用户完成购物或获得用户的好评，甚至有的客服只是不经意间随口作出一些承诺。但是，为了增加用户的信心，增加沟通的成功率，也为了消除用户的疑虑，提高自身的工作效率，客服在与用户沟通时，对于自己能力范围内的事，还是需要敢于承诺的。

② 及时兑现承诺。虽然承诺能在沟通过程中起到不错的促进作用，但是客服需要明白，相比于承诺的内容，兑现承诺更重要。

承诺之后却没有及时兑现，用户会觉得客服没有信用。这样一来，用户势必会产生反感，并迁怒于产品，直接给出差评，往后可能不会再购买该直播间或店铺的产品了。

（3）巧用赠品，增加好评

给用户"好处"最直接的方式自然是在价格上作出让步，但是，在很多情况下，让价的度不是很好把握，从店铺的角度来看并不划算。而且许多客服实际上只是店铺的打工者，并不能决定产品的价格。所以，除了直接让价之外，还可以通过以下两种方式，达到给店铺增加好评的目的。

① 承诺赠送物品。当用户在沟通过程中试图与客服讲价时，承诺赠送物品不失为一种很好的解决方式。通过这种方式，客服不仅可以委婉地拒绝让价，

还可以起到增加购物附加值的作用。

② 随产品直接赠送。除了在沟通过程中承诺赠送物品之外，客服还可以把赠品与产品包装在一起，给用户制造一个惊喜。当然，在此过程中需要特别注意一点，最好赠送与用户购买的产品相关的物品，这样，用户通常也用得上。

另外，还可以通过一定的方式提醒、请求用户给好评。例如，可以在快递中塞一封感谢信，感谢用户的光顾，并在信的结尾表达获得好评的愿望，邀请用户给予好评。

（4）利用红包，获取好评

对于已经购买产品，没有需求的部分用户来说，客服可以利用红包来利诱用户给予好评。

① 平台红包。当用户收到产品后，客服可以通过回访的方式，与用户拉近距离，经过一番交流后，再利用平台向用户发红包引导用户好评。需要注意的是，客服在引导时要注意语言表达，弱化获取好评的目的。

② 微信红包。微信红包是营销的利器，利用微信红包获取用户好评同样也是一种有效的方式。并且，通过微信红包利诱用户添加微信，可以把用户邀请到店铺的社群之中，利用社群转化用户，让用户成为店铺的粉丝。

差评处理：快速挽回良好形象

在购物的过程中，直播间内的服务与产品并不能够满足所有用户的个性化需求，所以，用户评价产品时，难免会写上一些影响产品销量的言论。这时，客服需要做的就是挽回店铺的形象，维护主播的信誉，及时回访用户，安抚用户的情绪，让用户帮忙追加评价，让差评转变为好评。本节将总结4个处理差评需要做的工作，并分享5个将差评变成好评的技巧。

9.2.1　处理差评需要做的工作

处理差评，避免用户的评论影响店铺的产品销量与主播的信誉，是客服的工作职责之一。当用户给了差评后，客服需要做哪些工作呢？

（1）联系用户，了解原因

如果用户对产品表现出很不满的情绪，就说明购物过程中有让其不满意的地方。客服需要了解不满的原因，才能改进店铺存在的不足之处，避免更多的用户在收到货物后给出差评。具体来说，当用户给了差评，客服首先要做到以下两点。

① 第一时间处理。部分店铺通常会安排人员实时查看用户的评价，一旦发现一些影响店铺产品销量的评价，便第一时间安排客服联系用户，了解用户写该评价的原因，并传达给上级，以此优化店铺的服务。可以说，能否做到第一时间应对这些不良言论，是店铺对产品质量及产品服务的重视的体现。

② 主动取得联系。当用户给产品写出不好的评价内容时，客服还需要主动与用户取得联系。因为用户在评价之后可能不会与客服取得沟通，而且毕竟是店铺和主播对用户有所求，所以，作为店铺和主播代表的客服主动一些也是理所当然的。

（2）真诚道歉，体现态度

用户一般情况下不会无理取闹，既然给出了差评，就说明店铺的产品或者服务很可能真的有问题。既然是店铺的过错，那么，作为店铺的代言人，客服就需要通过道歉来表达店铺以及主播对此事的态度。

另外，俗话说得好："知错能改，善莫大焉。"如果客服能真诚地向用户表达歉意，用户看到客服的态度，也更容易从情感上原谅产品或服务的不足，甚至同意给追评。具体来说，面对给予不好评价的用户，客服需要向用户真诚地道歉，不要激怒用户，体现出店铺和主播用心服务的态度。

① 道歉要真诚。道歉的态度很重要，同样是道歉，不同的态度在用户看来感觉可能是完全不同的。当客服真诚道歉时，在用户看来，表达的是"知错了"。而当客服的道歉不够真诚时，用户可能会觉得是在敷衍自己。所以，因为感觉的不同，用户在对待客服时也会表现出明显的差异。

所以，在向用户道歉时，客服一定要让用户看到你的真诚，这直接关系到用户对待你的态度。其实，真诚道歉是道歉，不真诚道歉也是道歉，既然道歉是必须要做的一件事，那么客服为什么不选择对自己更有利的一种方式呢。

② 不要激怒用户。客服一定要认识到一点，用户之所以给差评，就是因为在其看来，问题主要出在卖方身上。因此，如果不能和用户心平气和地进行沟通，用户可能连沟通的意愿都不会有，也就不要说同意修改差评了。

俗话说得好："买卖不成仁义在。"客服在与用户沟通时，无论用户是怎样的态度，都不能言语相激，这应该是沟通的原则。因为激怒用户除了让事情变得更加糟糕之外，不会再有其他用处。

（3）给出解释，承诺改进

为了更好地挽回店铺以及主播的良好形象，当看到用户的评价后，客服要给出一个合理的解释，还需要让用户知道出现问题的原因。

通过这种方式，也许用户能够理解店铺经营的不易，从而对自己写出不好的言论感到愧疚。具体来说，客服要挽回店铺及主播的形象，可以从两方面切入。

① 给出理由。解释归解释，并不是客服解释了用户就会接受。如果客服不能在沟通过程中给用户合理的理由，则很有可能会让用户产生反感。当然，有说服力的理由固然重要，但是，客服不能为了说服用户追加评价而编造理由。这是做事没有担当的体现。

② 承诺改进。既然问题出现了，就说明店铺的服务或产品质量仍存在着不足。有不足就要及时改进，确保下次不会出现同样的事情。所以，为了让用户放心，客服在向用户解释的过程中，还需要承诺对不足之处进行改进。

（4）提出补偿，弥补损失

在用户看来，不愉快的购物体验是给他们造成了损失的。所以，如果客服不能从物质上作出一些表示的话，用户并不会配合客服而追加评价。

因此，在沟通处理差评的过程中，客服还需要主动考虑用户的利益，为用户提供对其更有利的追加评价的方案。除此之外，还需要维护店铺的利益，在弥补用户损失时，一定要控制补偿额度。具体来说，需要做到以下两点。

① 主动提出补偿。主动提出和被人要求的意味是截然不同的，给用户作出赔偿也是如此，客服主动做出赔偿体现的是一种负责任的态度，而如果是用户要求的，就有些像是被迫做的事了。既然主动也要赔偿，被动也要赔偿，那为什么不主动一点，给用户留下一个好印象呢。

② 控制补偿额度。虽然价值越高的赔偿，对用户越具有吸引力，也越能让用户答应修改差评。但是，店铺经营是以盈利为目的，要盈利自然也就需要尽可能地控制支出。

所以，客服在给用户做赔偿时，需要对赔偿的价值额度进行控制。如果赔偿的价值过高，对店铺来说是划不来的。因此，在赔偿的额度上还需拿捏好。

9.2.2 将差评成功转为好评

虽然用户观看直播购买产品后给差评已经是定局,但是,客服可以利用一些技巧,让用户通过追加评论,为店铺内的产品说一些好话,减少差评的影响,将差评变成好评。

(1) 坚持不懈,软磨硬泡

快速让用户追加评价,让用户在评论内对之前的评价内容做出一个解释,自然是客服希望做到的一件事,但是,有的用户可能不太容易被说服,客服在沟通了一两次之后可能还未取得预期的效果。在这种情况下,如果对评价比较看重的话,就需要做好持久战的准备,采取软磨硬泡策略来达到目的了。

(2) 多用赞美,赢得好感

在与用户沟通的过程中,客服需要明白一点,谁都喜欢听好话。用户的耳根通常都比较软,如果在沟通过程中对用户进行适度的赞美,用户心情大好之下,很可能会愿意追加评论。所以,客服在争取追评时,可以从以下两方面切入。

① 对用户多说好话。当客服赞美用户时,就相当于为用户制造了一个愉悦的沟通环境,而在这种环境下,用户自然会更好说话一些。所以,在争取追评的过程中,客服在用户面前多说好话是很有必要的。需要注意的是,客服还需掌握一些技巧,避免让用户觉得客服是在忽悠他们,引起反感,如图9-3所示。

图9-3 赞美用户的注意事项

② 帮用户树立好人形象。除了对用户进行赞美之外,客服还可以在沟通过程中,为用户树立一个好人的形象。值得一提的是,当客服为用户树立好人的形象时,无论用户现实生活中是怎样的一个人,其在与客服的沟通过程中,也会让自己向客服口中的那个好人靠近。

(3) 适度诉苦,博取同情

在用户看来,当购物过程中出现不愉快的事情时,在评价中发泄对店铺的不满，是再正常不过的反应了。从用户的角度来说，给店铺发表一些不满意的评价，对用户自身不会产生很大的影响，但是对于客服来说，用户的评价内容却能影响店铺产品的销量以及主播的形象，也影响着自己的收入。

用户通常是很难理解客服的不易的。在这种情况下，客服便可以通过向用户诉苦的方式，让用户基于同情，同意追加评价，在评价中写下夸赞店铺的话语。具体来说，要博取用户的同情，可以从以下两方面切入。

① 说出自己的不易。客服在沟通过程中向用户说出自己的不易，实际上就是告诉用户，自己的工作不容易，从而引起用户的同情。

大多数用户都有同情心，如果客服能够说出自己的不易，即便该客服有什么做得不够好的地方，也更容易取得用户的谅解，从而作出追加评价的决定。

② 渲染差评的影响。在直播购物时，用户很容易会以个人好恶为评价的标准，随意地对产品进行评价，却不知其对于店铺的影响是巨大的。

因此，客服有必要让用户知道他的一个评价比想象中更有影响力，甚至可以对用户评价的影响力进行适当的渲染。

例如，用户在给予差评时，客服可以与用户沟通，向用户渲染差评对自己工作的影响，博取用户的同情，这样一来，用户知道评价的重要性之后，更容易迫于压力而给产品追加评价。

（4）顺应用户，帮助退单

不同情况下，应对用户的方法不同。一般情况下，如果客服给出合理的补偿，用户是愿意追加评论的。但是，当用户对订单不满意，并表现出强烈的退单愿望时，即便客服给出一些补偿，用户可能也不会同意追加评论。

面对这种情况，客服与其给出更有吸引力的补偿，倒不如顺从用户，帮助其完成退单。客服帮助用户退单时，需要注意以下两点。

① 告知退单事项。退单在用户看起来可能只是一个简单的动作，但真正完成退单却需要一个过程。在这个过程中，又包含了诸多需要注意的事项，客服有必要在沟通过程中将退单的一些注意事项告知用户，以免用户产生不好的想法，引发争端。

② 承诺退还款项。说到退单，大部分用户比较关心的应该是退还款项的相关问题了，毕竟这直接关系到个人的利益。因此，客服需要在沟通过程中对退还款项做出承诺，并在沟通过程中尽可能详细地对退还款项的事项进行说明。

比如，客服可以对退还的金额是多少，多久之后用户可以收到退还款项等问题做出详细说明，让用户对这些问题有个大概的把握。

（5）应对碰瓷，守住底线

差评师，就是指通过给产品差评获取收益的人。部分直播平台的产品评价虽然没有好评差评之分，但是其中不免有部分用户是想要通过给产品写一些不好的评价，来让客服满足其需求的。

要想让这类用户追加评价是一件很难的事情。面对这种情况，客服要维护店铺的利益，需要注意以下两点。

① 作出让步。差评师给店铺造成的伤害是不可忽略的，客服处理评价的目的就是减少用户的评价内容对产品销量以及主播形象的影响。

所以，在面对疑似差评师的用户时，部分客服会选择作出一些让步，谋求所谓的双赢。在给该用户一些好处的同时，让其追加评价。

② 斗争到底。某些用户很明显是带着恶意来的，一味地退让只会让店铺的利益受到影响。所以，客服在面对这类疑似差评师的用户时，可以采取斗争到底的策略。

当然，与差评师斗争到底是正面的、值得学习的。但是，既然是斗争，客服就需要拿到一些证据，以便联系平台客服，发起投诉。而不能单纯地为了争一口气，就与其撕破脸，产生矛盾，这样做并不能给店铺带来任何好处，反而容易坏了主播和店铺的口碑。

9.3 解决投诉：化解危机重塑信心

一般情况下，用户是不会轻易投诉店铺的。如果用户走到投诉这一步了，就说明对此次的购物体验非常不满，甚至于对店铺都失去了信心。这时，客服一定要维护店铺形象，说服用户撤销投诉。店铺与主播的形象是关联的，如果店铺的声誉不好，那么主播的口碑也会受到影响。

虽然在某些直播平台上，用户无法撤销对直播间或店铺的投诉，但是，当用户与客服进行沟通，并扬言要投诉店铺时，客服可以通过及时沟通重塑用户对店铺的信心，让其撤销想要投诉的想法。

本节将对4个常见的投诉情景做出分析，并介绍一些解决投诉的沟通技巧以及投诉的禁区，帮助读者更好地解决投诉。

9.3.1 常见投诉情景应对方法

用户直播购物的过程中之所以会发生投诉，比较常见的原因包括物流缓慢、发货少或者发错货、产品和描述差距大以及产品运输时被破坏等。本小节将对这4种投诉情景分别进行解读，并为客服提供具体的应对方法。

（1）物流缓慢，收货延迟

与在实体店购物不同，用户在直播间购物后，商家是需要将产品从店铺的仓库运送到用户手中的，所以，用户要真正拿到产品，需要一定的时间。而对于用户来说，自然是越快收到产品越好。

但是，其中不免有多种因素的影响，导致用户要等比较长的时间才能收到货。时间对于谁来说都很宝贵，更何况是急切等待快递的用户？所以，用户很可能会因为对物流速度的不满，而投诉店铺。面对这种情况，客服可以从以下两方面切入。

① 向用户说明具体原因。有的用户之所以对店铺进行投诉，很可能并不仅仅是表达自己对购物的不满，还希望通过这种方式得到一个说法。而且在用户看来，物流之所以慢有可能是店铺工作人员忘发或发货不及时导致的，这完全是店铺的责任。

所以，客服在沟通过程中，还需要说明物流慢的具体原因，如果是店铺工作人员忘发货和没有及时发货导致物流缓慢，就要给用户一个合理的解释，给出一些补偿。除此之外，如果是天气因素影响了物流速度，客服也可以向用户说明情况，争取理解。

② 让用户心理得到平衡。面对忘发货或发货不及时导致物流缓慢的情况，部分用户往往会认为店铺让自己遭受了损失。

对此，客服还需采取一定的方法，让用户的心理得到平衡。比如，客服可以告知用户，犯事者已经得到处罚，或者针对用户的损失，给出一些补偿。

（2）店铺失误，错发产品

对于用户来说，进行直播购物就好比是浪里淘沙，从直播间的选择，再到购买对象的确定，这中间可能花费了不少的时间和精力。

好不容易下单选购了产品，结果却发现店铺少发货或发错货，这时，用户可能会因愤怒而投诉。面对这种情况，客服可以使用以下两种解决方案。

① 主动表达歉意。既然用户都已经对店铺进行了投诉，客服在与用户沟通的过程中一定要主动向用户表达歉意，并表示愿意为此承担责任。这是客服在处理投诉时应有的态度之一。

只有如此，用户才会愿意配合客服解决问题。当然，如果少发货或错发货不是店铺造成的，客服在沟通过程中还需进行必要的解释。但是，这个解释必须放在用户态度缓和之后，否则，用户可能会认为客服是为了推卸责任而敷衍自己。

例如，客服在与投诉的用户沟通时，每句话前都可以添加一句道歉的话语，让用户看到自己道歉的诚意，也就不会对客服过于为难。

② 积极进行补救。无论是少发货，还是错发货，在用户看来，都是造成了损失的。如果客服可以补偿用户的损失，就能从根本上解决问题，让用户对店铺的印象不至于太差。

所以，客服可以采取相应的措施，积极地对用户的损失进行补救，比如给用户补发产品，发放一些优惠券等。

（3）产品实物，不符预期

通常来说，直播间中的产品介绍与真实产品或多或少会有一些出入。这是因为部分主播为了让产品对用户更具吸引力，会强化产品的优势，掩盖产品的不足。

因此，有时候相同的产品，卖家秀和买家秀之间的差距可能是非常大的。而部分用户因为无法接受这种差距，就认为主播和店铺是在欺骗自己。具体来说，当用户因为产品与实物相差过大而投诉时，客服可以借鉴以下两种解决方案。

① 给出合理解释。当产品的描述与实际差距较大时，用户可能会觉得店铺是在欺骗，便进行投诉。对于这种情况，客服需要做的就是让用户看到店铺的描述是符合实际情况的。在此过程中，客服作出合理解释很有必要。

以服装类产品为例，当用户表示衣服颜色色差大时，客服可以跟用户说明可能是直播间内滤镜导致颜色有点差别，让用户放心，如果用户执意追究色差问题，则可以劝用户自付邮费退货。

② 请求用户理解。无论是因为店铺的描述与实际有出入，还是因为用户曲解了产品介绍中的部分信息造成了误解，店铺都是需要承担一定责任的，而且在沟通过程中，客服不仅不能责怪用户，还需要给用户一个台阶下，通过博取同情，请求用户的理解，让用户同意撤销投诉。

（4）运输差错，产品破损

在运输的过程中，难免会出现产品被破坏的情况。当用户收到被破坏的产品之后，心情肯定会非常不愉快。即便用户也知道错不在商家，也会以店铺未做好包装为由进行投诉。具体来说，当用户因产品破损的问题而投诉时，客服可以做到以下两点，从容应对。

① 了解原因。对于产品在运输过程中被破坏的情况，用户在投诉时更多地只是关注结果。但是，客服却需要了解事情发生的原因，并将之告知用户。这一方面是为了给用户一个解释，另一方面也是为接下来的沟通找到一个方向。

② 进行分析。产品在运输过程中被破坏这样的事，有可能是因为包装做得不够到位，对此，店铺也需要承担一定的责任。但是，客服需要分析出问题的具体原因，并向用户说明清楚，维护店铺的形象。具体来说，用户在直播间购物，产品破损的原因有3个，如图9-4所示。

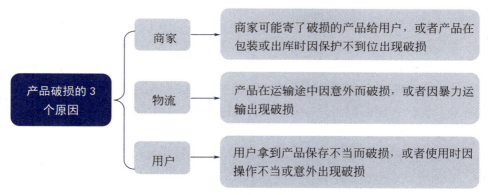

图9-4　产品破损的3个原因

一般情况下，如果用户在签收完成后才发现产品被破坏了，那么，用户自身也是有一定责任的。因此，客服可以针对这些情况进行必要的分析，让用户看到店铺虽然愿意承担责任，但是并不是全部责任都应该归咎于店铺。

9.3.2　掌握解决投诉常见技巧

与一般的沟通不同，部分用户会因为对购物不满意而将负面情绪带入沟通，这无形之中就增加了沟通的难度。客服要在难度增加的情况下消除用户的怒气，学习一些解决投诉的沟通技巧就显得尤其重要了。本小节将总结7个解决投诉的常见技巧，供客服参考。

（1）幽默应答，缓和气氛

通常情况下，用户之所以进行投诉，是因为对产品的服务非常不满。一部分怨气比较重的用户可能会在沟通过程中，对客服不太友善。作为一名客服，你需要做的，是积极地对用户的情绪进行调整，从而将整个气氛缓和下来，为投诉的处理营造一个相对合适的氛围。具体来说，客服必须要做到两点。

① 顺着用户。客服应该调整好情绪状态，在沟通过程中，尽可能地顺着用户的意思。

② 幽默应答。客服要想化解用户的投诉，就必须赶走用户的坏情绪。顺着用户虽然能起到这一作用。但是，这种做法，客服显得太过被动，而且顺着用户通常需要一个较长的过程，才能将用户的怨气基本消除。

因此，客服可以主动对用户的情绪进行调整，具体的做法是在应答过程中，尽可能幽默地进行表达。

（2）直面问题，主动担责

如果用户选择对店铺进行投诉，就说明很可能在用户的购物过程中出现了比较严重的问题，而且在用户看来，该问题的出现，店铺需要承担主要的责任。

在这种情况下，不管责任在谁，如果客服不直面问题，而是推卸责任，用户都会认为店铺没有担当。这样一来，客服将很难让用户的心情缓和下来。这时，客服就需要找到问题所在，主动承担责任。

① 找到问题。要解决问题，就必须要找到问题出现的原因。对于投诉的用户，部分用户虽然抱怨比较多，但是会将重点告知客服，对于这一类用户，要找到问题是比较容易的。但是也有部分用户可能不想配合解决问题，只是想让客服承担责任，给出赔偿。对于这一类用户，客服就需要多一些耐心，通过语言的引导找到问题。

② 主动担责。对于客服来说，虽然找到问题非常关键，但是，对用户来说，解决问题才是他们的最终目的。所以，直面问题除了找到问题之外，客服还需要就相关问题主动承担责任，帮助解决问题，让用户看到你的态度。

当然这不一定是要客服作出多大的赔偿，但是，至少要让用户觉得客服是有意解决问题的。只有这样，用户才能过了自己心里那道坎，答应客服撤销投诉的请求。

（3）联系用户，化解矛盾

和给差评一样，大部分投诉的用户也是因为对产品和服务不够满意。甚至可以说，在用户看来，投诉的程度要重于给差评，所以如果用户已经走到了投诉这一步，就说明店铺中的产品或服务存在不足之处。

既然用户认为问题出在店铺这一方，而客服又是店铺的"代言人"，那么，为了解决投诉，化解矛盾，重塑用户对店铺的信心，客服就应该主动联系用户，解决用户的问题，化解用户与店铺之间的矛盾。

（4）耐心倾听，对症下药

在沟通解决投诉的过程中，客服的态度非常关键。所以，客服在与用户沟通时需要耐心倾听用户的抱怨，即便用户的话听上去不太舒服，也应该多一分忍耐力，多一分理解。只有耐心倾听，才能找到问题所在，对症下药，让用户撤销投诉。

需要特别说明的是，只有找到问题才能针对性地解决问题，所以在这个过程中确认问题出现在哪里非常关键。而且，客服在重复确认问题的同时，也能让用户感觉到其对问题的重视。

（5）态度友好，积极配合

用户通常只有在认为事情比较严重时才会选择投诉。而且在用户看来，该问题的出现，店铺和主播需要承担主要的责任。在这种情况下，不管责任在谁，如果客服不直面问题，主动承担责任，积极配合解决问题，用户便会认为店铺及主播没有担当。

这样一来，客服将很难劝说用户撤销投诉。因此，客服在沟通时应直面问题，积极配合用户解决问题，展现敢于担当的一面。

例如，客服在与用户沟通时，可以就相关问题主动承担责任，在解决问题时，通过积极回应用户，让用户看到你的服务态度。具体来说，需要做到以下3个方面，如图9-5所示。

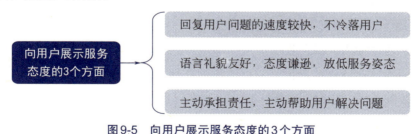

图9-5　向用户展示服务态度的3个方面

（6）根据评估，赔偿损失

用户的投诉源自对购物的不满意，而不满意的购物或多或少会给用户造成一定的损失，至少在用户看来是这样的。所以，要让用户撤销投诉，评估并承担其损失是必不可少的。

评估损失更多地说是为承担损失所做的一个准备，既然客服已经通过沟通对用户的损失进行了一个相对合理的评估。那么，接下来需要做的就是以用户的损失为依据，赔偿用户损失。客服在赔偿用户损失时要注意以下两点。

① 进行合理评估。损失评估是对用户作出赔偿的重要依据。一方面，赔偿低于损失，可能无法打动用户；另一方面，赔偿太多，从店铺的角度来看，是划不来的。需要注意的是，用户通常会对赔偿有一个预期。如果客服只是严格按照损失评估和赔偿，可能会出现赔偿达不到用户预期的情况。

② 赔偿体现诚意。既然客服愿意解决用户的投诉，也对用户的损失进行了评估，那么，要让用户撤销投诉，就应该在赔偿损失方面体现出一定的诚意。

一方面，这是为了让用户的心理获得平衡；另一方面也是让用户看到客服真诚的态度，明白客服是真心想解决问题的。

（7）适时提醒，邀请回评

面对用户的投诉，部分客服在解决当务之急——让用户撤销投诉之外，可能还想通过沟通争取用户的好评。这时，可以在获得用户撤销投诉的基础上，趁热打铁，及时邀请用户回评，并在恰当时机提醒用户。

需要注意的是，若用户忘记回评，客服的提醒不能过于频繁，在提醒用户两次的情况下，如果用户没有回评，就不需要再提醒了，避免引起用户的反感。

9.3.3 注意谨慎对待投诉禁区

在沟通解决投诉的过程中，有一些禁区一旦触碰就有可能把事情弄得更不可收拾，客服一定要特别注意规避。本小节将通过具体案例，对沟通解决投诉过程中的6大禁区分别进行讲解。

（1）言语相激，口无遮拦

当用户对店铺进行投诉时，用户的情绪是不理智的，很可能说出一些触碰客服底线的话语。这时，客服一定要控制自己的情绪，如果要让用户撤销投诉，就需要好好地沟通，让用户看到你的态度和诚意，避免与用户产生冲突。

客服需要明白一点，投诉的解决一定是需要用户配合的。当用户受到负面情绪影响时，肯定是不愿意配合的，在这种情况下，客服就需要多给用户一点时间，先安抚用户的情绪，让用户冷静下来。然后通过询问了解事情的始末，帮助用户解决问题，用自身的态度来打动用户。

(2) 没有诚意，推卸责任

在面对用户的投诉时，可能会有部分客服认为店铺承担的责任越大，用户在沟通过程中索取得就会越多，这对店铺来说是不利的。

所以，某些客服会采取推卸责任的策略来增加谈判的筹码，从而以尽可能小的代价，让用户撤销投诉。具体来说，要让用户看到自己解决投诉的诚意，客服需要做到以下两点。

① 不要"甩锅"。在处理投诉的过程中，客服需要明白的一点是，用户希望看到的是一个敢于担当的店铺形象。当客服将黑锅甩给他人的时候，用户会觉得你不愿意负责任。所以，客服在沟通过程中，不仅不能推卸责任，还应该主动承担责任，让用户看到你对解决投诉的诚意。

② 不与争辩。在解决投诉的过程中，客服应该是尽可能顺应用户心意的，因为只有这样，用户才会变得更好说话，从而增加劝说撤销投诉的成功率。所以，客服最好不要和用户争辩。

(3) 解决问题，拒不配合

客服要让用户撤销投诉，就需要先帮用户解决问题。但是，在实际生活中，仍有部分客服在面对用户投诉时，为了维护店铺的利益，拒不配合解决问题。而结果就是用户的投诉还在，客服与用户不仅沟通未果，还产生了矛盾。面对用户的投诉，客服需要做到以下两点。

① 不要逃避。在沟通解决投诉的过程中，不管遇到什么问题，客服都应该直接面对，而不能让用户觉得你是在逃避。否则，用户会认为客服不愿意配合解决问题，那么沟通很可能无法获得应有的效果。

② 配合解决。用户之所以投诉，是想让客服重视并解决自己的问题，只要把用户的问题解决了，他们自然愿意撤销投诉。所以，在解决问题的过程中，无论用户面临的问题造成的损失如何，客服都应该给出具体的解决方案。这是解决投诉应有的态度，至于用户采不采纳那又是另一回事了。

(4) 态度消极，效率低下

解决投诉的成功率，通常与和用户取得联系的时间以及处理问题的效率有关，客服在接到投诉之后，越早与用户联系，撤销的成功率越高。

相反，如果客服对用户的投诉放任不管，处理问题的态度消极，用户很可能会认为店铺对自己不够重视，这样一来，撤销投诉的难度显然会增加。

因此，客服要以积极的心态及时联系用户，并积极做出回应，提高解决效率。

客服需要明白一点，投诉越早处理越容易成功解决。所以，与其一直拖延时间，倒不如主动一点，在第一时间与用户取得联系，开始着手解决问题。另外，用户的耐心有限，客服在帮助用户解决问题时，需要提高工作效率，不要让用户等待太长时间。

（5）应对投诉，不够专业

在投诉的过程中，客服的反应是用户判断其专业水平的重要依据。如果用户投诉时，客服表现得不够专业，让用户感觉自己是在与一个"菜鸟"沟通，就会让用户以为店铺是在推卸责任，不愿意帮助自己解决问题。

（6）缺乏耐心，怠慢用户

客服面对数量庞大的用户，任务繁重，难免有忙不过来的时候。这时，如果用户向客服投诉，千万不要怠慢用户。具体来说，需注意以下两点。

① 优先安抚情绪。当用户投诉时，情绪是很容易极端的，不管客服多忙，都应该先安抚用户焦躁的情绪，给自己多争取一点时间做最重要的事情，不要怠慢用户。否则，用户的情绪一旦爆发，处理投诉的难度将随之变大。客服安抚用户情绪可以参考以下3个技巧，如图9-6所示。

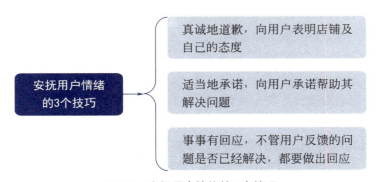

图9-6 安抚用户情绪的3个技巧

② 向用户表达歉意。如果客服在解决投诉时确实忙不过来，就应该及时向用户道歉，让用户耐心等待几分钟，再向用户说明理由，取得用户的理解。

第10章
口碑营销：提升名气增加信任

直播购物已经潜移默化地改变了部分人的消费方式，面对如此快节奏的消费模式，品牌或商家之间的产品竞争越发激烈。利用口碑增加产品曝光度，实现产品交易，从而提升品牌或商家的影响力的营销方式被越来越多的人运用。本章将对打造口碑的技巧做详细解析。

10.1 口碑打造：轻松获取如潮好评

要想轻松获取好评，打造口碑，客服除了自身良好的沟通能力与卖货技巧之外，还需要学会利用口碑提升产品影响力，取得用户的信任。本节将向读者介绍如何打造好口碑。

10.1.1　让消费与口碑相辅相成

当产品被购买、使用后，用户通过口头或其他方式向别人传播这款产品的使用感受，就形成了口碑传播。

用户对产品的看法与使用感受，就是口碑的最初形态。随着产品的销售，使用产品的用户越来越多，产品的口碑自然也就慢慢被打造出来，从而引导更多用户购买该产品。由此可见，消费与口碑其实是相辅相成的。

那么，要如何通过销售产品，把口碑慢慢打造出来呢？具体来说，客服要做好以下两点。

（1）优质服务

优质的服务能让用户在消费过程中，获得好的购物体验，因此，提供优质服务，也是销售产品的重点。例如，在接待粉丝时，客服可以通过树立好的人设赢得粉丝的喜爱，让粉丝觉得你是一个"良心"的客服，那么，在用户眼里，你安利的产品也会非常"良心"。

当用户进行售前咨询时，客服用礼貌热情的态度接待，耐心为用户消除疑虑，让用户在沟通时感到开心、满足，就是服务口碑建立的开端。

不仅如此，售后服务也是提高服务质量的重点，客服提供的售后服务越完善，用户对店铺的印象也就越好。同时，让用户拥有一个很好的售后体验，也可以为自己的品牌赢得很好的口碑，进而形成服务型口碑。例如，某火锅连锁品牌，就以优质的服务赢得了好口碑，并取得了用户的信赖，以至于许多人想吃火锅时，就会想起该火锅品牌。

（2）高性价比

高性价比的产品，面向的群体多为注重产品质量的用户，而且高性价比的产品多为平价或者中端产品。利用产品的高性价比来吸引用户，提高产品销量，是许多销售人员使用的技巧之一。例如，某国产手机品牌旗下推出的部分产品，就以高性价比赢得许多用户的青睐。

客服在回访用户时，可以利用部分高性价比的产品来吸引用户的注意，让用户进入自己的店铺，为店铺的直播以及产品增加曝光度。例如，客服可以把主播直播的预告或直播海报发给用户，向用户传达直播间产品高性价比的信息，提醒用户观看直播。

10.1.2 用户主动帮助推销产品

口碑的形成少不了用户的助力，客服与用户沟通时，可以通过技巧让用户主动帮助推销产品。例如，可以利用"种草"的方式，将产品"安利"给用户，让用户主动把产品安利给其他人，形成口碑传播。

"种草"和"安利"都属于在口碑营销中产生的词，那么有哪些因素可以形成口碑传播呢？可以从两点出发，第一，对客服进行包装，赢得用户初步信任；第二，对产品进行包装，利用产品的"颜值"取胜，通过产品的外形或者设计来种草。

（1）客服包装

客服包装，其实就是客服人设的包装。利用"种草"让用户主动帮助推销产品并不容易，要赢得用户信任，客服的专业性非常重要。与用户沟通时，客服要给用户专业性的感觉，客服可以通过对自己的人设以及言行进行包装来实现。

客服并不仅仅是一个传递信息、回答用户问题的工具，术业有专攻，作为某一行业的客服，必须要对自己的专业知识有信心，给用户树立专业的人设。

例如，面对咨询美妆类产品的用户，客服给自己设定一个对美妆产品了如指掌的角色，语言表达上可以适当使用一些专业术语。在沟通时，还可以适当与用户聊一下以往接触美妆产品的经历，给用户树立一个专业的美妆产品客服的形象，增强说服力。

需要注意的是，虽然客服利用人设可以吸引一些用户，但是，人设坍塌的情况也时常发生。因此，客服在接待用户与回访用户时的言行就非常重要。当客服向用户推荐产品的语言表达涉及专业术语时，一定要注意专业术语的准确性，给予用户正确的引导。

（2）产品包装

产品的包装可以让用户产生价值观的认同。例如某饮料品牌，就利用"怕上火，就喝×××"的广告语对产品进行包装，给人以深刻的印象，让人们都认为上火可以喝该产品。

同时，一个好看的产品外形也可以带来好口碑。例如某咖啡连锁品牌推出的一款猫爪杯，就受到了许多用户的关注。此外，客服在与用户沟通时，还可以通过产品的设计以及产品的名称，给产品取一个特殊的别名，让用户对产品有个更好的印象，以便产品口碑的传播。

另外，某些产品因外形设计而获得的别名也让人印象深刻。例如，某品牌的产品被称呼为手榴弹，某美白产品被称呼为小灯泡等。

利用别称能够加深用户对产品的印象，有利于用户口碑的形成。因此，客服在向用户介绍产品时，可以利用产品的外形、广告语以及别称挖掘出产品的亮点，加深用户的印象，潜移默化地影响用户对产品的看法，传播口碑。

10.1.3　好口碑始于正确的定位

现在，直播带货行业中的品牌层出不穷，行业竞争也越发激烈。对于已经有一定规模的商家来说，如果想在行业中获得持续发展，了解用户需求，做好正确的品牌定位就显得非常重要。

客服接待的用户数量庞大，对产品的用户群体有一定了解，这时，客服可以为商家的品牌定位提供一些帮助。具体来说，要帮助商家利用正确的品牌定位打造好口碑，需要做好3个方面的工作。

（1）进行市场调研，确保用户需求

直播带货的产品，是否适合市场这个大环境，还需要进行充分的市场调研。由于产品的流动基本取决于用户的需要，所以，客服需要对市场大环境、用户以及市场竞争商家有大概的了解。

确定品牌的定位和后续的发展方向，都必须依靠市场的秩序和需求来制定，另外，由于不同城市、地区的经济发展不一样，客服需要根据产品面对的群体选择合适的调研方式。具体可从3个方面展开，如图10-1所示。

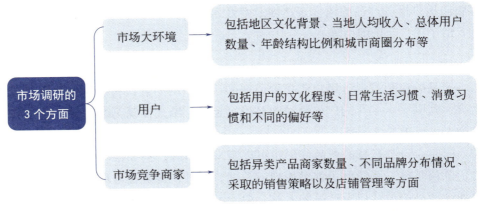

图10-1　市场调研的3个方面

（2）明确品牌定位，精准用户需求

另外，用户对产品的多样化需求，也在不断地影响着产品的发展方向，这导致大家对产品的要求也越来越细致。因此，想要让自己的品牌能够脱颖而出，非常关键的一步就是品牌的定位，让产品符合目标用户群体的需求。那么，如何对品牌进行定位呢？具体可以从3个方面来进行分析，如图10-2所示。

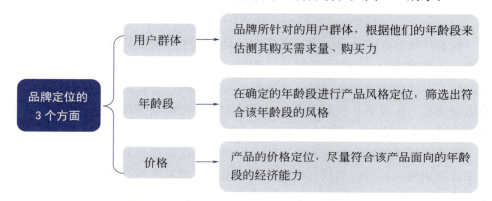

图10-2　品牌定位的3个方面

（3）利用品牌效应，加大口碑传播

用户在同类产品中，更倾向于选择品牌产品，这就是品牌效应。品牌在直播中具有自身的吸引力，用户之所以选择某品牌产品，取决于该品牌的信誉和声望。商家在直播中与品牌进行合作，对直播带货的口碑宣传具有积极作用。这时，客服需要做的就是利用品牌效应，加速口碑的传播。

虽然通过这样的宣传方式，对店铺口碑的影响不一定很有效，但是，利用品牌效应的影响力，在一定程度上能够为店铺带来一定的流量，让店铺的产品以及直播间拥有更高的点击率。

不仅如此，在宣传过程中，品牌的知名度越高，店铺吸引的用户基数越大，为直播带货所带来的影响力也就越大，口碑传播的效果也就越好。不过，在与用户沟通时，客服要注意以下两个事项，如图10-3所示。

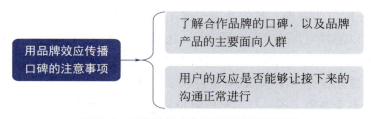

图10-3　用品牌效应传播口碑的注意事项

10.1.4 粉丝才是好口碑的基石

粉丝是好口碑的基石，主播的粉丝越多，口碑的传播力度就越大。所以，客服可以利用粉丝效益，传播好口碑。本小节将介绍4个粉丝运营的方式，让客服帮助主播获得更多的粉丝。

（1）打造私域流量池，汇聚更多直播粉丝

很多时候你去做平台运营，更多的只是在做平台的运营，而没有把流量留下来，这种做法有一个很大的弊端。例如，你在运营淘宝店时，运营了一段时间之后，店铺的销量越来越高了，这时，如果你的店铺被封了，或者平台不再给店铺流量，你也不花钱去买流量，店铺的粉丝可能就不再是你的粉丝了。当他们看到其他店铺有自己喜欢的东西，可能就不会再去关注你了。

私域流量池的特点是具有私密性，用户在你这里观察到的内容，无法从其他平台找到相同的内容替代。所以，私域流量池的私密性，对于成交是非常有利的。但是，在打造私域流量池的时候，要注意以下4点。

① 私域流量池要有价值点。私域流量池一定是生态化的，所以它要有价值点。价值点就是用户能从你这里得到什么价值。例如，你在朋友圈里每天分享一些直播的操作方式、直播内容以及引流的干货，那么，你朋友圈的内容对很多直播运营的人来说都是有价值的。这样，你就渐渐地形成了一种生态化的私域流量池，很多人越来越离不开你，他们会越来越希望能够在这里长久地扎根下去。

② 找到产品的核心卖点。不管你的店铺卖哪种产品，你都需要找到产品的卖点。只要你的产品核心卖点能够打动客户，就能增强说服力，与用户快速成交，甚至还能直接让用户成为你的私有流量。

③ 主播的个人魅力。个人魅力对于主播来说很重要，比如，同样是做直播带货的，为什么有些主播卖的产品价格比你的还高，他就能卖出去？为什么你的产品价格低却卖不出去呢？主要的原因可能是主播的个人魅力。

④ 做好用户的管理。微信是适合做用户管理的一个社交工具，利用微信群，除了可以随时与普通用户沟通之外，还可以组建主播的粉丝群。在社群内，客服可以随时与主播的粉丝互动，增强黏性。还可以发布一些店铺产品上新的信息以及主播直播的预告，从而吸引粉丝二次消费。

因此，对于客服来说，打造私域流量池，可以在维护用户关系时，注意持续向用户输出有价值的内容，把用户留住。向用户推荐产品时，注意突出产品卖点，实现快速成交。与用户沟通时，注意宣扬主播的个人魅力，加深用户印象。另外，客服还要注意利用社交软件做好用户的管理。

（2）利用公域流量，获得更多曝光机会

客服在直播平台上吸引一个粉丝，可能就只给店铺多增加了一个粉丝，但是在微信上，这个粉丝可能给店铺带来了更多的粉丝。为什么呢？例如，虽然你通过直播平台吸引一个人加了微信，但是，这个人可能不想买你的产品，这个时候，你可以把他的价值最大化。

你可以请他帮忙转发一下朋友圈，或者是请他邀请3个人加你的微信，又或者是请他帮你推荐用户，这就是用户裂变。你可以通过一个人来裂变出更多的人，裂变完成后，你只需要提供给他们想要的内容就可以了。

同理，如果你在直播平台上吸引了1万人加了微信，通过裂变之后，可能会有5万人加你的微信，这5万人可能就从用户成了你的粉丝，你的口碑也将慢慢被更多人传播出去。

（3）粉丝转化，将用户转化为粉丝

用户所在的平台不同，客服要做的就是把这些平台上的人都吸引到微信上来，然后进行转化和维护。

当客服通过公域流量曝光直播时，就会吸引新的用户点击观看，店铺的产品以及直播内容也就得到了推广。这时，客服要做的就是将这些新的观看用户转化为自己的粉丝。

这些粉丝的背后，其实就是"流量"，粉丝的点击率就是主播和店铺的流量，有流量，店铺就能有更多的收益。所以，面对这些用户，客服需要主动出击，向用户发起话题，用沟通与用户建立信任感。具体来说，可以从以下两个角度吸引用户。

① 客服对待事物的看法和处事方式对用户具有一定的价值，而且是积极、独特的。

② 作为一名客服，一定要注重自己的人品，很多时候粉丝为你的推荐买单就是相信你的人品。

（4）粉丝沉淀，将粉丝可持续变现

粉丝沉淀就是做好粉丝的维护，当粉丝在主播直播间购买过一次产品之后，可能下次不会再购买了。所以，在直播平台上，客服是很难与粉丝实现二次成交的。

但是，如果客服把这些粉丝吸引到自己的私有流量池中，再把店铺上新和店铺活动的信息定时传递给粉丝，就能加深粉丝对主播的印象，达成二次成交的目的。

这时，客服不需要花费太多的时间，可以用空余时间把新用户转化为粉丝，只要偶尔组织活动，维护一下粉丝群的秩序，把售后的服务做好，定时给粉丝一些福利，就能持续变现，慢慢传播好口碑。

10.1.5　好售后可以造就好口碑

在服务用户时，很多客服注重的是如何把产品卖出去，而忽略了售后工作，砸了店铺的口碑。其实，售后工作可以说是成就店铺好口碑的重要因素，完善的售后服务是用户复购的前提，它不仅可以提高用户的购物体验，还能给商家和主播带来好口碑。

那么，在服务用户的过程中，要如何给用户提供优质的售后服务呢？具体来说，客服需要做到以下3个方面。

（1）注意自我提升

客服要做到自我提升，可以参加公司的岗位培训，制定规则约束自己。在闲暇时，多和同事演练常见的售后应对方法，包括应对用户退换货、投诉以及差评等问题，提升自己的实践经验。

（2）把产品售后工作"透明化"

把产品售后"透明化"就是把整个售后流程告知用户，让用户打消售后的顾虑。客服在向用户推荐产品时，可以提前说明产品的售后情况，如果用户收到产品后，觉得产品不符合预期，可以申请退换货。

除此之外，客服还可以使用更直接的方式，向用户展示产品的售后服务情况。例如，客服提前编辑好有关售后的相关话术，当用户咨询售后问题时，就通过快捷回复的方式把有关售后服务的内容直接告知用户。

（3）注意售后的感情维护

当用户收到产品后，客服可以通过回访用户的使用情况，增强与用户的联系。用户通过直播购物收到产品时，如果没有遇到特殊情况，往往不会主动向客服咨询问题。

针对这一点，客服要充分发挥主动性，主动询问用户使用产品的情况，引导用户发表对产品的看法，与用户建立感情联系。长此以往，客服自然就能以好的售后服务打造店铺的好口碑了。

粉丝打造：将用户变成推销员

客服在一定程度上承担着销售员的角色，把产品推销出去，才是主要的工作任务。但是，客服的能力有限，要高效率地销售产品，还要学会借力。借助用户的力量，将用户变成推销员，为自己的产品做宣传，传播好口碑。

具体来说，要让用户成为产品的推销员，为品牌打造好口碑，客服可以借鉴以下6个技巧。

10.2.1 以产品品质获得铁杆粉

随着直播带货行业的迅速发展，产品的品质也成为许多用户关注的重点。对于用户来说，客服引导用户购买产品，对所销售产品的品质有着不可推卸的责任。

而对于客服来说，在产品竞争日益激烈的直播带货行业，要提高产品的销售额，降低产品的退货率，就要用说话艺术让用户相信"人无我有，人有我优"，利用产品的品质收获铁杆粉，树立好口碑。

可以说，产品的品质才是立足之本，要想获得更多的铁杆粉，就要以优质的品质吸引、留住用户。具体来说，客服可以从以下两方面切入。

（1）全面地展示产品

介绍产品时，客服可以尽可能做到全面地展示产品。具体来说，可以把产品细节的图片发给用户，还可以引导用户观看主播直播展示的产品细节，让用户看到产品的品质。

例如，用户在直播购物时，可以看到某些主播在推销工厂直发的产品，这些主播会给用户播放一段视频，目的是让用户看到产品的生产过程，对产品品质有一个基本的判断。其实，当用户对产品的品质有疑虑时，客服也可以借鉴这个方式，利用视频让用户更直观地了解产品，打消用户的疑虑。

（2）推销用过的产品

当客服推销自己用过或测试过的产品时，往往能够向用户更直观地表达出真实的使用感受。以美妆类短视频带货主播为例，这类主播向用户推荐产品时，只需要在推荐产品的过程中向用户展示使用效果，分享一些美妆的小技巧，就能很好地达到带货的目的。

其实，这类主播不过是用现身说法增强自己的说服力，用真实的使用感受让用户看到产品的品质，取得了用户的信任。客服遇到用户咨询产品功效的问题时，也可以借鉴这个方法。

10.2.2 体现诚信经营获得青睐

近年来，直播带货成了新的风口，让许多用户在主播声嘶力竭的推荐中，感受到了消费的快乐。但是，直播带货在火爆的同时，也带来了一系列问题。一些主播和商家为了提高产品的销售额，不惜做虚假宣传，压低产品价格，导致商家为了获取更多的利润，压缩产品的生产成本。

不仅如此，更有部分用户在收到产品后，发现货不对板，申请售后却陷入了维权的困境。虽然部分用户是因为喜欢主播而买单，但是，用户最终购买的是产品，产品的质量以及售后服务不过关，影响的是商家和主播的口碑。所以，不管是主播还是商家，都要做到诚信经营，才能获得用户青睐。

当然，为了让更多用户了解主播和商家诚信经营的品质，客服在服务过程中要给用户传递一些相关信息，取得用户的信任。例如，用户收到产品后，质疑质量时，客服可以把产品的质检报告展示给用户；客服在回答用户的售前、售后问题时，也可以给出一些相关的凭证，让用户看到主播和商家的诚实守信。

10.2.3 用名人效应扩大粉丝群

名人效应是许多主播和商家吸引用户注意力的手段，纵观现在的电商带货直播间，你可以发现，一些名气大的主播或品牌都热衷于邀请名人一起带货。

一般来说，名人有一定的粉丝基础，他们通过直播，除了可以提高曝光率，给主播带来一些话题之外，还能在一定程度上给直播间带来一定的流量和关注度。此时，客服利用名人来扩大主播或商家的粉丝群，传播好口碑，不失为一个明智的选择。具体来说，客服要利用名人扩大粉丝群，可以通过以下两种方式。

（1）通过平台工具传播直播消息

当商家已经成功邀请名人与主播一起直播带货时，客服需要提前做好预热工作，通过平台聊天工具，将直播的相关消息通知给用户，利用名人效应引起用户的关注，还可以利用名人效应将店铺的热卖产品推荐给用户。

（2）通过电话或信息引导入群

需要注意的是，平台的聊天工具对客服引导用户添加其他联系方式的行为比较敏感。这时，客服可以通过店铺订单查询到用户的联系方式，通过电话或短信联系到用户，给用户传达与直播相关的消息，并用一些话术或优惠利诱用户添加微信，再引导用户进入粉丝群。

10.2.4 利用薄利获取价格优势

直播带货行业竞争激烈，如果主播和商家的名气不够大，没有足够的流量，就要在产品价格上占据优势。

与传统的线下门店的销售方式相比，直播带货的成本低，受众广，产品价格相对较低。所以，客服完全可以利用薄利获取价格优势，或者利用低价的引流产品吸引用户，让用户停留在自己的店铺，说服用户购买产品，让用户帮忙推销产品，传播口碑。

10.2.5 多发福利增强用户黏性

一些用户之所以喜欢直播购物，主要是因为他们倾向于购买更便宜的产品，而一些主播的直播间，不仅产品的价格便宜，还有很多福利可以领。

所以，客服要想引导更多用户成为主播和店铺的粉丝，并让用户成为产品的推销员，就要抓住多发福利这一点，把福利活动通知给每一位购买过产品的用户，增强用户黏性，提高店铺产品的曝光率。

例如，客服可以采用发优惠券的方式让用户观看直播，鼓励用户分享直播给好友后，就可以领取优惠券。

10.2.6 注重用户购物的体验感

优秀的客服与用户沟通并不是光谈产品，而是能在与用户聊天的时候，让用户心甘情愿地购买产品，帮助自己传递好口碑。其中，主要的方法就是为用户提供好的购物体验。

这样一来，用户收获了良好的购物体验，自然也会毫不犹豫地购买产品。这样，要让用户成为产品的推销员就会比较简单了。那么，客服要给用户良好的购物体验，将用户变成产品的推销员，应该从哪几点入手呢？笔者将其大致分为两点。

（1）多与用户互动，了解需求

用户，是传播产品口碑的第一要素。客服在进行口碑传播时，一定要充分利用用户的力量，尤其要多与用户互动，通过沟通，了解用户的需求。一般来说，当客服在互动中咨询用户的时候，用户会比较乐于分享真实的需求。

当然，与用户互动的方式多样，例如在沟通时，客服可以与用户共同分享自己别样的记忆，或者是讨论一些热门的话题等，保持沟通的热度，赢得用户好感。

（2）设身处地，换位思考

客服与用户沟通的时候，难免会以自己的视角去思考问题，认为自己推荐的产品就是用户需要的，从而忽略了用户的感受。对此，客服要从用户的角度思考问题。

因为用户对客服并不熟悉，所以难免会存在防备心理。而客服能够换位思考，就能更快速地了解用户需求，帮助用户消除疑虑，与用户建立信任。那么，用户也将更能接受客服推荐的产品，并愿意帮忙推销产品，传播好口碑。

（3）注重用户反馈，优化体验

店铺的产品和服务难免会有不足之处，这时，用户作为产品的体验者，往往能够看到不足的地方，所以一些用户使用产品后会给客服反馈。

此时，作为客服，如果想达到让用户变成推销员的目的，就要不断优化产品和服务体验。因此，要时刻关注并接受用户的反馈，传达给上级。如果自身在服务上有不足的地方，要及时改正。

10.3 个人IP打造：做好口碑营销

在直播带货行业，要做好口碑营销，提升名气，还得依靠个人IP的影响。IP是当今互联网营销的一个重要手段和模式，打造个人IP，对于客服来说，就是把自己当成产品去打造，降低自己被替代的可能性，从而发挥个人IP的价值，协助商家做好口碑营销。

为了让客服更好地依靠个人IP协助商家做好口碑营销，本节先介绍IP的属性，对IP的属性进行详细分析后，再总结出一些打造个人IP的方法，以供客服做口碑营销时借鉴。

10.3.1 重点先把握IP的属性

作为一个IP，无论是人还是事物，都在社交平台上拥有较高的传播率。首先，要打造个人IP，客服要把握IP的属性，传播的内容要丰富、有价值，能够引起用户情感的共鸣，才有大范围传播的可能。具体来说，IP的属性表现在7个方面。

（1）传输功能强大

一个强大的IP必须具备较强的传播属性。只有广泛传播，才能影响各个方面，从而得到更多的利益回报，这也是客服需要学习的地方。只有在各个不同的平台推广自己，才能打造影响力更强的个人IP。

同时，口碑也是IP传播属性的重要体现。所谓口碑，就是人们对一个人或一个事物的评价。很多时候，人们的口耳相传往往比其他的宣传方式更加直接有效。

如果客服也像这个IP一样，全力塑造自己的口碑，就能取得更多用户的信任，把口碑传播得更广。

（2）价值内容丰富

如果一个IP想要吸引更多平台的用户，就应该打造优质并且真正有价值的内容。内容属性作为IP的一个必不可少的属性，究竟包含了哪些特征呢？

以自媒体平台为例，随着时代的发展，平台开始呈现出多样化，从微博到微信公众号，内容生产者的自由度越来越高。他们拥有更多的机会进行碎片化的内容，相应的，内容也开始变得多彩多样、个性十足。

面对如此繁杂的信息内容，用户不免有些审美疲劳，那么，该如何吸引用户呢？这时候，就需要内容生产者时刻把握市场的动态，关注用户的需求，然后制造出相应的内容，打造出一个强大的IP。

除此之外，内容属性与年轻群体的追求也是分不开的。一个IP是否强大，主要是看塑造出来的内容是否符合年轻人的喜好。

例如，某网红就是这样一个超级IP。如她自己所说，她是一个普通的大龄女青年，也是一个集美貌、才华与智慧一身的美少女。她之所以能够成为一个强IP，是因为她发布的视频大部分都有着清晰的价值观，内容贴近年轻人的追求，崇尚真实，摒弃"虚伪"。她用幽默的方式对一切"装"的行为进行吐槽，赢得了众多网友的喜爱。

总之，成为一个强IP不仅内容要有质量，还要无限贴近用户的追求，创造的内容要优质且有价值，才能吸引广大用户的目光。

（3）情感属性共鸣

一个IP的情感属性容易引起人们的情感共鸣，能够唤起人们心中相同的情感经历，并得到广泛认可。客服如果能利用IP这种特殊的情感属性，将会转化更多用户成为店铺的粉丝，帮助店铺传播口碑。

（4）粉丝效益强大

"粉丝"这个名词相信大家都不陌生，那么"粉丝经济"呢？作为互联网营销中的一个热门词，它展示了粉丝支撑起来的强大IP营销力量。可以说，IP就是由粉丝孵化而来的，没有粉丝，也就没有IP。

"粉丝经济"不仅为IP带来了影响力和推广力，还将粉丝的力量转变为实实在在的利润，即粉丝变现。粉丝不仅能为企业传播和宣传品牌，还能带来流量，为企业的利润赚取作出贡献。

由此可见，要学会经营粉丝，才能成为一个超级IP。针对这一点，客服可以利用微信社群经营粉丝，帮助店铺扩大影响力，传播口碑。

（5）商业前景无限

一个强大的IP，必定具备一个良好的商业前景。以音乐领域为例，一个原创歌手想要将自己的歌曲打造成一个强IP，就必须给歌曲赋予商业价值。随着时代的发展，音乐领域的商业价值不仅体现在唱片的实体销售量上，还包括付费下载和在线播放量。只有把握好各方面的条件，才能卖出更多的产品，打造强大的IP。

例如，某男子组合在刚出道时虽然遭到了重重困难，但是，时间却证明了他们的商业价值。组合中的三人都有了各自的发展路线，自此，这个男子组合成为一个十分强大的IP，前景也是一片大好。从最初的音乐，到后来的影视、综艺和广告等领域，都有他们的身影，相信这个名副其实的超级IP以后还会延伸到更广的领域。

当然，既然说的是前景属性，那么并非所有的产品在当下都具有商业价值。要懂得挖掘那些有潜力的IP，打破固态思维，从多方位、多角度进行思考，全力打造符合用户需求的IP，才会赢得IP带来的人气，从而获取大量利润。

所以，要学会高瞻远瞩，看准发展方向，拓宽发展空间，才能成为一个强IP。除此之外，伴随性也是一个好的IP不可或缺的特征。何谓伴随性？简单地说就是陪伴成长。

例如，当你面前有两个价格相等的动漫产品供你选择，你会选你从小看到大的动漫，还是长大以后才看的动漫？相信大多数人都会选择从小看到大的产品，因为那是陪伴自己成长，承载了成长的点滴和情感的产品。

一个IP的伴随性也直接体现了其前景性。如果IP伴随着一代又一代的人成长，那么他就会打破时间和空间的限制，制造出无穷无尽的商业价值，历久弥新。

（6）内在情怀吸引

一个IP的属性除了体现在外部的价值、前景等方面，还应注重其内在特有的情怀和内涵，而内涵包括很多方面。例如，积极的人生意义、引发人们思考的情怀以及植入深刻价值观的内涵等。

因为IP最主要的作用还是营销，所以，丰富IP的内涵属性，使之与品牌自身的观念、价值相契合，才能吸引用户，将产品推销出去。

需要注意的是，丰富IP内涵，需要客服将精力放在内容的制作上，而不是单纯地追求利益最大化。急功近利是打造IP的大忌，只有用心，才会使得用户投入其中，从而彰显出IP的内在价值。

（7）故事属性丰富

故事属性是IP吸引用户关注度的关键属性，一个好的IP，必定是有很强的故事性的。仔细分析每一个强IP，不难发现，他们都有一个共同点，那就是故事性强。正是这些IP背后的故事，引起了用户的兴趣，造成了市场轰动。

例如，近年来推出的几部国产青春片，触动了不少人的回忆与情怀，也吸引了大量的市场和资本。尽管人们对其内容褒贬不一，但还是在票房和影响力上取得了非凡的成绩。原因就在于这些青春题材的电影故事性强，正好符合用户的口味。

青春时代承载了人们太多美好的回忆，也累积了很多有趣的故事。许多人长大成人之后，还能保持那份纯真，这也是青春电影受到欢迎的原因。

好的故事总是招人喜欢的，在IP的这种故事属性中，故事内容的丰富性是重中之重。对于客服来说，如果你有好的故事，就一定能吸引用户的兴趣。

10.3.2　打造个人IP主要方法

个人IP相当于是个人品牌，客服在服务用户的过程中，可以打造一个个人IP，让自己与用户产生连接，建立信任。具体来说，打造个人IP，可以从以下6个方面展开。

（1）确定个人定位

打造个人IP，就要对自己做一个精准的定位，告诉用户你是谁，专注于哪一个领域，并持续地把你的定位快速传播。

如果你是服装类店铺的客服，你在服务用户时，就可以多围绕服装向用户发起话题，聊有关服装穿搭的技巧；如果你是卖美妆类产品的客服，就可以与用户探讨化妆技巧，在社交平台上输出有关美妆的内容。

（2）打造社交圈

对于客服来说，常见的社交圈有朋友圈和社群，打造社交圈，其实就是做内容输出。在朋友圈中，你可以分享生活、输出个人观点或分享产品。在社群中，你可以找到自己的定位，输出价值观点、分享趣事，与用户保持连接，被动吸粉。

（3）提高变现能力

当然，要想获得真正的成功，一个重要的考量就是"变现"，如果你保持很强的黏性，却赚不到用户身上一分钱，那么你的价值就没有得到真正的体现。

如今，个人IP的变现方式已经越来越多，如广告、游戏、拍片、主播、社群、网店、微商、商业服务、卖会员以及粉丝打赏等。虽然对于客服来说，变现的方式与大IP相比有一定局限性，但是，通过社群、微商等手段变现也是非常有效的。

（4）学习和积累经验

作为人物IP的重要条件，创造内容如今也出现年轻化、个性化等趋势。要创作出与众不同的内容，就要在内容中体现有价值的东西。从某种方面来看，学历和阅历，直接决定了你的内容创造水平。总之，客服在推销产品过程中，语言表达不能太简单地平铺直述或自卖自夸，而要用更新颖、有趣的方式进行创意营销。

（5）核心价值观明确

要想打造个人IP，首先你需要一个明确的核心价值观，即平常所说的产品定位，也就是你能为用户带来什么价值。当价值观明确后，你就能在与用户沟通时，突出自身独特的魅力，从而快速吸引关注。

（6）培养人格魅力

在打造个人IP的过程中，客服需要培养自身的正能量和亲和力，可以将一些正面、时尚的内容以比较温暖的形式第一时间传递给用户，让他们信任你。具体来说要培养人格化的魅力，需要做到以下3点，如图10-4所示。

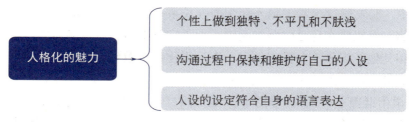

图10-4　人格化的魅力

俗话说"小胜在于技巧，中胜在于实力，大胜在于人格。"在互联网中这句话同样有分量，那些超级IP之所以能受到别人的欢迎，其实也从侧面说明他具备一定的人格魅力。

虽然客服所打造的个人IP不能与那些超级IP相提并论，但是，也可以具有一定的人格魅力。如何把口碑打出去，让更多的用户知道，从而帮助传播口碑，其中的一个办法就是利用个人魅力。

10.4 实践技巧：掌握口碑营销的技巧

口碑营销就是让用户自发传播的低成本、高收入的一种营销模式，也是一种持久的宣传方式。那么，客服打造好IP之后，要如何做口碑营销呢？可以从以下5点展开。

10.4.1 利用社交平台增加曝光

口碑营销效果与其获得的流量有着直接的关系，通常来说，店铺获得的流量越多，就能获得更多的曝光机会，其口碑营销的效果就越好。

而引流的渠道有很多，客服既可以在直播平台内引流，也可以借助其他平台引流。本小节就对具体的引流方法作出解析。

（1）朋友圈引流，可信度更高

在微信平台上，不同的功能和构件对推广所产生的影响在信任程度上是不同的，从朋友圈到微信群再到公众号，信任强度是依次削弱的。

其中，朋友圈这一基于熟人社交的强关系平台，对于产品推广的影响是不容小觑的。而想要在自己的朋友圈中实现更广范围的推广，就需要通过自己的公众号和其他新媒体平台推出信息，然后再逐步扩散到好友中。具体来说，利用朋友圈引流时，客服应该分两步进行。

① 微信群覆盖：完成"朋友圈"量的推广。微信群是基于朋友这一圈子进行推广的主要途径之一，更重要的是，它能在用户的量上取胜于朋友圈。因此，客服可以在第一时间把信息转发至微信群中，完成关系网的第一层级传播。

② 朋友圈宣传：完成"朋友圈"质的推广。客服可以在微信朋友圈中转发宣传产品或直播的信息。因为朋友圈内容是微信好友密切关注的内容之一，因此，在朋友圈转发产品或直播的信息，可以得到好友的关注以及转发，从而使信息获得二次宣传。

此外，利用朋友圈发布直播信息之后，客服还可以利用朋友圈的评论功能引起用户的关注，如图所示10-5所示。

图 10-5 利用朋友圈的评论功能

对于那些刚进入直播带货领域的客服而言，微信朋友圈的信息推广显得尤为重要，这是他们打开推广场景和扩大受众范围的重要一步。在朋友圈中进行分享转发的那些用户将会成为客服的传播体。

（2）公众号引流，用户基数更大

微信公众号，从某一方面来说，就是一个个人、企业等主体进行信息发布并通过运营来提升知名度和品牌形象的平台。如果要选择一个用户基数大的平台来推广产品，且期待通过长期的内容积累打造口碑，微信公众平台无疑是一个理想的传播平台。

除了内容输出之外，在微信公众号上，客服可以通过多种方式进行产品或直播信息的宣传，从而传播口碑。

例如，客服可以在微信公众号简介中对直播的时间和平台等信息进行说明，也可以通过发布微信公众号文章进行直播预告，对将要销售的产品进行展示，从而吸引更多用户观看店铺直播。

当用户通过公众号观看直播后，有可能会成为主播的粉丝，或者对店铺内的产品产生兴趣，从而下单购物。如果产品品质不错，而价格又比较符合用户预期，这些用户就很有可能成为口碑的传播者。

（3）QQ引流：不容忽视的得力助手

在各种平台和社交网站中，QQ是一个不可忽视的存在，且这一存在对于营销传播和推广来说同样有着重要意义。因而，各品牌和商家围绕这一平台展开了各种各样的营销。

而随着QQ平台直播功能的加入，这一平台的营销应用更是被很多商家所关注，如果再结合运用QQ平台原有的功能，那么其口碑宣传和营销效果将是巨大的、可期的。具体说来，在QQ平台上进行产品口碑的宣传可以从以下4个方面入手。

① QQ群。QQ群是QQ平台上一个有着巨大利用商机和推广宣传市场的构件，利用它可以从两个方面来为口碑推广提供助力，具体如下。

a.建群。客服可以建立一个粉丝群，把用户和好友拉进群中，然后利用QQ群中的功能拉近自己与用户之间的距离。群的建立有利于成员之间的交流互动，进而增加用户的黏性，提高用户的忠诚度。

除此之外，群还具有相册、投票、群链接和群活动等功能，可以满足成员之间友好互动和资源共享的需求。

b.加群。除了自建群外，客服还可以通过申请加入其他群来聚集用户和推广口碑。在这一过程中，一方面应该注意选择合适的群，根据宣传的内容主题来选择群。例如，直播摄影相关内容的就搜索"摄影"申请加群，直播美妆相关内容的就搜索"美妆"申请加群。

另一方面，客服不能一进入群内就进行产品的推广，而应该先与群内成员打好关系，熟悉之后再逐步发一些推广信息。这样才能让群内成员不会因为厌恶推广而踢你出群，那些对直播感兴趣的群内成员甚至还会关注你的店铺。

② QQ空间。QQ空间是一个极具个性化的QQ内容发布平台。对于口碑推广而言，QQ空间的优势主要表现在两个方面，具体分析如图10-6所示。

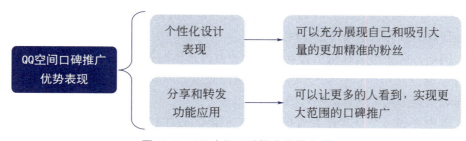

图10-6　QQ空间口碑推广优势表现

③ QQ个性签名。与微信个性签名一样，QQ签名同样可用于产品信息的推广。其具体做法为，在"编辑资料"界面的"个性签名"一栏中，输入店铺名称和店铺直播号，这样就能很好地进行店铺直播或产品的宣传推广。

④ QQ信息回复。QQ作为一个社交平台，客服可以利用其社交功能与好友和粉丝打交道。因此，可以借助相互间的互动，设置一些包含了产品信息的自动回复，这样也能吸引用户关注，让用户及时接收相关信息，从而促进产品的宣传。

当然，除了上述的引流平台之外，还有微博、百家号以及百度等众多引流平台，作为客服，工作中接待的用户数量庞大，不一定有足够的时间全部涉猎。

10.4.2 利用好评刺激用户消费

互联网时代，用户很容易受到口碑的影响，当某一事物受到主流市场推崇时，大多数人都会随大流，推崇该事物。多数用户都会存在一定的从众心理，对于客服来说，口碑营销主要是通过产品的好评带动流量，让更多用户出于信任购买产品。

常见的口碑营销方式主要包括经验性口碑营销、继发口碑营销和意识口碑营销。接下来分别进行简要的解读。

（1）经验性口碑

经验性口碑营销主要是从用户的使用经验入手，通过用户的评论让其他用户认可产品，从而产生营销效果。如图10-7所示为某店铺中某产品的评论界面。

图10-7 某店铺中某产品的评论界面

随着电商购物的发展，越来越多的人开始养成这样一个习惯，那就是在购买某件产品时一定要先查看他人对该产品的评价，以此评估产品的口碑。当店铺中某件产品的总体评价较好时，便可凭借口碑获得不错的营销效果。

比如，在上面这幅图中，绝大多数用户都是直接给好评，该产品的好评度更是达到了99%。所以，当其他用户看到这些评价时，可能会认为该产品总体比较好，并在此印象下将之加入购物清单，甚至是直接进行购买。

所以，客服在与用户沟通时，一旦遇到用户对产品质量产生怀疑的情况，就可以引导用户查看产品的好评，用好评刺激用户下单购买。

需要注意的是，客服引导用户查看产品评价时，要保证产品评论区没有负面的内容，以免影响用户决策，弄巧成拙。

（2）继发性口碑

继发性口碑的来源较为直接，就是用户直接在抖音、快手和淘宝等平台上了解产品相关的信息之后，逐步形成口碑效应。这种口碑往往来源于平台上的相关活动。

对于客服来说，及时告知用户店铺活动，可以增强继发性营销的影响力，利用活动在用户心中形成口碑效应。

以"京东"为例，该电商平台通过"京东秒杀""大牌闪购""品类秒杀"等活动，给予用户一定的优惠。借助这个优势，京东便在用户心中形成了口碑效应。图10-8所示为"京东秒杀"的相关界面。

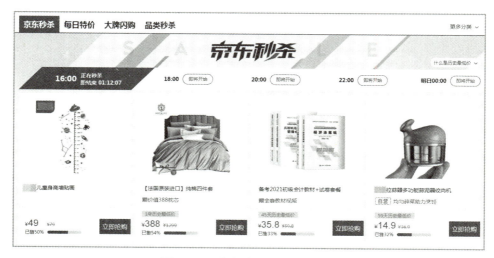

图10-8 "京东秒杀"的相关界面

（3）意识性口碑

意识性口碑营销，主要是由名人效应延伸的产品口碑营销，往往由名人的名气决定营销效果，同时明星的粉丝群体也会进一步提升产品的形象，打造品牌。

相比于其他推广方式，请明星代言的优势在于，明星的粉丝很容易"爱屋及乌"，在选择产品时，会有意识地将自己偶像代言的品牌作为首选，有的粉丝为了扩大偶像的影响力，甚至还会宣传明星的代言内容。

口碑营销实际上就是借助从众心理，通过用户的自主传播，吸引更多用户购买产品。在此过程中，非常关键的一点就是用户好评的打造。毕竟当新用户受从众心理的影响进入店铺之后，要想让其进行消费，就得先通过好评获得用户的信任。

10.4.3　利用品牌营销提升名气

品牌营销是指通过向用户传递品牌价值来得到用户的认可和肯定，以达到维持稳定销量、获得口碑的目的。

通常来说，品牌营销需要企业倾注很大的心血，能够成功打响品牌不是一件容易的事情，市场上生产产品的企业和商家千千万万，能被用户记住和青睐的却只有那么几家。

因此，如果客服想要通过品牌营销的方式来引爆产品、树立口碑，就应该从一点一滴做起，坚持不懈，这样才能齐抓名气和销量，赢得用户的青睐和追捧。

品牌营销可以为产品打造一个深入人心的形象，然后让用户为该品牌的产品趋之若鹜，成功打造爆品。品牌营销需要有相应的营销策略，如品牌个性、品牌传播、品牌销售和品牌管理，以便被用户记住。

以某品牌为例，该品牌以前卫、个性十足、真实和自信的品牌精神，很好地诠释了产品的风格所在。同时，该品牌利用自身的品牌优势在全球开设了多家店铺，不仅获得了丰厚的利润，还赢得了众多用户的喜爱。

该品牌的品牌营销是一步一步从无到有摸索出来的，它也是依靠自己的努力慢慢找到品牌营销的窍门，才打造出受人欢迎的爆品。所以，学会掌握品牌营销的优势，才能逐个击破发展中的阻碍。

品牌营销的优势究竟有哪些呢？将其总结为4点，具体如下。

① 满足用户需求。
② 提升企业影响力。
③ 提高企业竞争力。
④ 提高企业盈利。

品牌营销的优势不仅对企业有利，对爆品的打造也同样适用，总之，一切都是为了满足用户的需求。

10.4.4 利用借力营销推广增益

借力营销属于合作共赢的模式，它主要是指借助于外力或别人的优势资源，来实现自身的目标或者达到相关的效果。

例如，客服在产品的推广过程中存在自身无法完成的工作，但是其他人擅长这一方面的工作，就可以通过合作达成目标。

具体来说，在进行借力营销时，可以借力于以下3个方面的内容。
① 品牌的借力：借助其他知名品牌，快速提升店铺的知名度和影响力。
② 用户的借力：借助其他平台中用户群体的力量，宣传店铺及其产品。
③ 渠道的借力：借助其他企业擅长的渠道和领域，节省资源、打造共赢。

借力营销能获得怎样的效果，关键在于借力对象的影响力。所以，在采用借力营销策略时，应尽可能选择影响力大且包含大量目标用户的平台，而不能抱着广泛撒网的方式到处去借力。

这主要有两个方面的原因。一方面，客服的时间和精力是有限的，这种广泛借力的方式明显是不适用的。另一方面，盲目地借力，并不能将信息传递给目标用户，结果很可能是花了大量时间和精力，却无法取得预期的效果。

10.4.5 利用社群营销传播口碑

社群营销，就是利用载体提供产品和服务满足有共同需求的群体的一种营销方式，是传播口碑的有效途径之一。客服在接待用户的过程中，把用户引导到微信平台，建立社群，并把用户添加到社群里并不难，但是维护社群，通过社群用户变现却很难。具体来说，要做好社群营销，为口碑加分，需要注意以下两点。

（1）转化目标用户

社群变现，在一定程度上需要一个或多个意见领袖的推动。这个领袖可以是某个领域的专家或权威人士，是促成用户之间交流、互动的动力。

例如，在美妆类产品的直播带货中，主播可以是一个意见领袖，主播有着专业的产品知识以及美妆技巧，在社群内，可以担当意见领袖的角色，向用户传递价值观，转化目标用户，树立用户对自己或商家的信任感，传播口碑。

除了主播之外，我们还可以利用社群内话语权较大的用户来提高转化率，这些用户在一定程度上可以提高社群内成员之间互动、交流的频率，维护社群氛围，对客服的转化工作起着举足轻重的作用。

（2）保持社群热度

社群是有寿命的，如果客服没有运营好，这个社群可能就会慢慢变成一个死群。要如何解决这个问题呢？首先，客服作为群主，要对群内成员有一定了解。

例如，每个成员有哪些特点、特长，成员的交际能力怎么样，这些特点与能力是否能够成为保持社群新鲜感的动力之一。当对用户有了一定了解之后，就可以针对性地培养这些用户，保持内容输出，赋予每个用户不同的职能，从而增强社群的凝聚力，带动社群的发展。通过这种方式，激励更多用户参与进来，自然就能让社群保持热度了。

其次，一段时间之后，一旦用户对社群产生依赖，客服就可以抓住变现的机会，让更多用户购买产品，传递价值观，从而传播口碑。

当部分用户传播了口碑之后，客服为了激发这些用户的积极性，开拓更多的潜在用户，还需要给这些用户一些物质奖励。例如，可以利用红包或者赠品，激励用户邀请更多人进入社群。